RIDING HABITS — SPECIAL NOTICE.

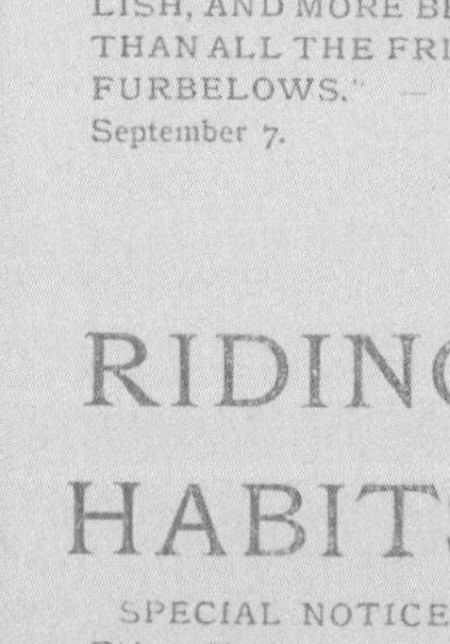

"IT IS CURIOUS A CROWD OF FAN TOILETTES TO SEI WHICH IS UNMISTA A REDFERN. S YET WONDERFULLY LISH, AND MORE BEC THAN ALL THE FRILL FURBELOWS. ..." — September 7.

H.I.M. THE EMP

H.I.H. THE GRAND OF R

THE ANTI-ST (BELSON'S)

'MAY BE CARRIED IN THE POCKET WITHOUT LEAKING AND IS READY FOR IMMEDIATE USE'

2/6

FITTED WITH NON- ... WITH RIDDLE-POINTED ... WITH RIDDLE-CHANNEL

THE ANTI-STYLO...

HOUSEHOLD LINENS, &c.

I have purchased for Cash a large stock of Sheetings, Blankets, Table Cloths, &c. A descriptive list on application, or patterns free.

A good serviceable Twilled Sheeting, 1s. per yard.

A heavy Flannelette, all linen, 1s. 6d. per yard, 72 in. wide.

An all Linen Damask Table Cloth, 4s. 6d. 2½ yards square.

...

RICH DUCHESSE ... Irish Linen Collars. Cuffs.

SAMPLES and ... VELVETS.

ROBINSON ... GENOA GOWN

(JUST OUT).

PRICE'S PATENT CANDLE COMPANY, LIMITED. LONDON AND LIVERPOOL.

SHIRTS.—FORD'S EUREKA.—"The most perfect-fitting made." — Observer. Gentlemen desirous of purchasing shirts of the best quality should try Ford's Eureka. 30s. 4d., 4 for £3; half dozen.—R. FORD AND CO., 41, Poultry, London.

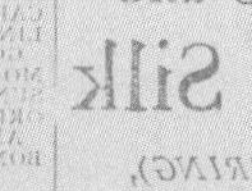

ÆGIDIUS.—The only FLANNEL SHIRTS that never shrink in washing—not washed too loose. Soft as silk and elastic, can be worn without an under vest. Made in several mixed patterns and plain drabs, browns, &c. Prices for 31s., £1 9s. 6d.—R. FORD AND CO., 41, Poultry, London.

Aix La Chapelle Thermal Water. GOLD MEDAL FOR EXCELLENCE. Sparkling, Refreshing, and Invigorating. ...

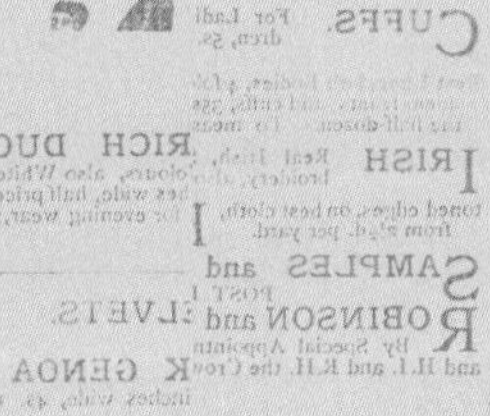

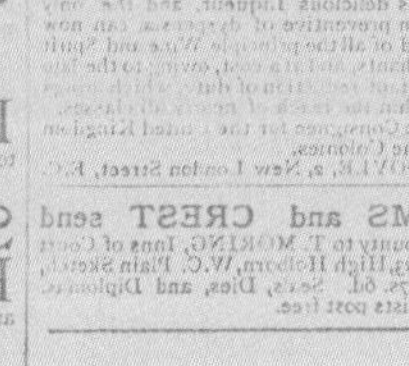

£3 3s 4

BLACK SILK DRESS for ...

7½, **ST. MARY'S ROW**, BIRMINGHAM.

MESSRS. CAPPER, SON & Co., COUSIN LANE, LONDON, E.C.

COMPLIMENTARY. "My hair is now restored to its youthful color; I have not a gray hair left. I am satisfied that the preparation is not a dye, but acts on the secretions. My hair ceases to fall, which is certainly an advantage to me, who was in danger of becoming bald." This is the testimony of all who use Mrs. S. A. ALLEN'S **WORLD'S HAIR RESTORER.**

OINTMENT TO H.M. the QUEEN OF DENMARK Also to H.I.M. THE EMP...

Kallo... OXFORD ST...

THE ANTI-STYLOGRA... (BELSON'S PATENT)

MACHINE

SINGER ALE. CHERABLES ... Lemonade. **MINERAL WATERS.** Soda, Kali, Lithia Waters... Montserrat. Wool Silks...

엄마의 작은 개조

반찬값 아껴서 하나씩 바꿔가는 쭌사마 식 집 단장 수업

엄마의 작은 개조

심숙경 지음

Prologue

가구 만들고, 집수리하면서
고물고물 사는 주부 〈쭌사마〉입니다

저, 쭌사마는 부산에 삽니다.
바다가 보이는 집? 아닙니다.
지극히 평범한 24평 아파트에서
남편이랑 아들이랑 셋이 삽니다.

저, 쭌사마는 가구를 만듭니다.
작은 가구만 만들겠지? 아닙니다.
침대도, 옷장도, 싱크대도 만듭니다.
집에 있는 가구는 제가 다 만들었습니다.

저, 쭌사마는 집수리를 직접 합니다.
인테리어를 전공한 전문가? 아닙니다.
미대 나와서 살림만 하던 보통 주부입니다.
집은 평범한데 별나게 꾸미고 싶고,
전문가 쓰면 좋지만 돈 펑펑 쓸 수 없어
그냥 내 손으로 하다 보니 이렇게 됐습니다.

저 쭌사마, 갑자기 책을 내게 됐습니다.
손이 부르트게 가구 만들고 집 고치는 얘기,
그 억척 정보 좀 풀어보라는 제안을 들고
출판사에서 저희 집 문을 두드렸습니다.
좋죠. 보통 아지매인데 책 내준다니까.
그래서 대문 열고, 가구도 다 꺼냈습니다.
작가도 아니니까 잘 쓰려고 하지 않고,
다 쓰려고 애썼습니다. 다 알려드리려고.
그 얘기, 지금부터 시작하려고 합니다.

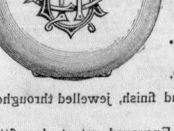

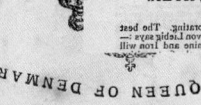

나는 해묵은 듯 다정다감한 빈티지 감각이 참 좋다

직접 만든 가구와 마음 녹여 채운 공간, 집은 저희 가족의 무릉도원이죠

저는 좀 싱거운 사람이었습니다. 특별히 즐거운 일도, 딱히 싫은 일도 없이 덤덤히 살았죠. 미술에 흥미가 있었는지 대학에서는 디자인을 공부했습니다. 디자인을 하는 일이 참 즐거웠던 것 같습니다. 그런데 결혼하고 아이를 낳은 뒤 전공 같은 건 잊고 살았습니다. 대신 아이 키우는 행복에 빠져 있었죠.

혁준이를 낳고 1년, 그러니까 돌 즈음이었습니다. 이제 전업주부의 일상도 익숙해졌고, 육아도 어느 정도 손에 익었다 싶었죠. 이웃의 엄마들을 돌아보니 아이를 위해서 진짜 열심히 무언가를 하고 있더군요. 이유식의 달인이 된 엄마, 옷 만들어주는 엄마, 조기 교육에 열심인 엄마, 여행 데리고 다니는 엄마…. 그럼 나도 다른 엄마들처럼 아이를 위해 뭔가 좀 특별한, 나만의 무엇을 시작해야 하지 않을까? 하는 생각이 들었습니다.

뭘 할 수 있지? 나는 뭘 잘하지? 생각해 보니 잘하는 게 별로 없었습니다. 그나마 대학 때 미술 관련 전공을 했던 덕분에 예쁜 디자인에 열광하거나 별스러운 살림을 보면 만들고 싶다는 욕구가 생긴다는 걸 깨달았죠. '뭘 좀 만들어볼까?' 하는 생각에 마음이 닿았습니다.

하지만 막상 아이 물건을 만들려고 찾아보았더니 어디서부터 시작을 해야 하나, 막막했어요. 그때 처음으로 찾아낸 것이 포토 프레임이었습니다. 아이 사진을 담아 간직할 사진 액자 하나라도 내 감각으로 만들어주자 싶었던 게죠. 그렇게 작은 기대로 시작한 것이 제 DIY의 시작이었습니다. 액자 하나 만들어보겠다고 부지런히 인터넷을 뒤지는 동안, 감히 상상도 해보지 못했던 즐거운 세상이 따로 있다는 걸 알게 되었지요.

액자는 기본, 야무진 손끝으로 만들어낸 수많은 소품이며 가구, 게다가 도배나 페인팅 등의 셀프 인테리어까지…. 같은 하늘 아래 솜씨 좋은 사람이 이렇게나 많다는 걸 그날 처음 알았어요. 와! 정말 모두들 대단하다, 싶었어요.

그렇게 다른 사람들의 사는 모습이 궁금해서 계속 블로그를 드나들고 카페를 구경하다 보니 나도 무언가 번듯한 것들을 만들어보고 싶다는 욕심이 생기기 시작했어요. 이렇게 예쁜 가구, 이렇게 예쁜 소품을 우리 혁준이에게도 선물하고 싶은 마음이 자꾸만 커져 갔거든요. '쭌사마'라는 이름으로 블로그를 시작하게 된 것이 바로 그 무렵이었습니다.

지금 살고 있는 이 집으로 이사할 당시에는 아무것도 손보지 못했어요. 나도 블로그에서 구경한 다른 사람들처럼 멋지게 인테리어를 해보고 싶었는데 그 당시에는 그럴 만한 여유도, 엄두도 내지 못했어요. 그저, 전 주인이 이 집을 깨끗하게 사용해 준 것을 고맙게 여기고 살았다고나 할까요.

하지만 아이가 좀 크고, 나만의 시간을 가질 여유가 조금씩 생기면서 저도 욕심이 나기 시작했어요. 이 집을 좀 더 예쁘게, 내 아이를 위해 좀 더 멋지게 꾸미고 싶은 마음이 들기 시작한 것이죠.

그래서 하나, 하나씩 시작했습니다. 우리 집에 필요한 작은 소품을 만드는 것부터 한 걸음씩 차근차근. 처음에는 다른 사람들의 작품을 보고 따라 하거나 혹은 반제품을 사서 조립하고, 색을 칠하는 정도였는데 몇 번 만들기를 되풀이하다 보니 제가 좋아하는 스타일이 생기더군요. 하나둘씩 내 스타일로 응용하게 되고, 작은 것이 큰 것으로 변하고…. 그렇게 우리 집이 조금씩 변화하기 시작했어요.

남의 집 기웃거리면서 호기심 반, 부러움 반의 열정을 품고 시작했던 셀프 인테리어. 그 어설픈 시작이 벌써 6년 전의 일이 되었습니다. 아이가 잠들기만을 기다렸다가 무언가를 야금야금 만들었던 그때, 저는 매일매일 마음이 설레었어요. 다음에는 또 무얼 만들어볼까 설레어 잠도 오지 않을 정도였죠. '아! 그래. 나는 이렇게 무언가를 만드는 걸 좋아하는 사람이었지' 비로소 알게 되었습니다.

그러고 보니 어릴 때부터 손으로 꼼지락거리는 것을 좋아했어요. 미술을 전공하기 위해 열심히 학원에 다니던 시절부터 디자인을 전공하며 꿈을 키웠던 대학 시절까지… 지나간 시간들이 되돌아봐지더군요. 특별히 뛰어난 감각이나 실력은 아니었는지도 몰라요. 하지만 저는 항상 열심히 하는 아이였어요. 다른 친구들처럼 큰 꿈을 품었던 적은 별로 없지만 그래도 언제나 막연히 '내가 좋아하는 일을 하면서 살 거야' 하고 마음먹었던 기억들이 새록새록 했습니다.

참! 대학 졸업 후에는 미술학원 선생님으로 7년 동안 일을 했어요. 아이들에게 그림을 가르치는 일이 즐거웠죠. 결혼을 하면서 나만의 일상들을 모두 접었지만 말이에요. 아내가 되고, 엄마가 되고… 그런 행복이 좋아서 나를 돌아볼 마음 같은 건 갖지 못하고 살았던 모양입니다. 그러다 어느 날, 불현듯 내 꿈을 돌아보게 된 거죠.

결혼하면 다 그렇죠. 전업주부로 살기 시작하면 내 안에 있는 생각 같은 것들은 버리게 되니까요. 누가 시킨 것도 아닌데 스스로 포기하게 되는 게 그저 보통 주부들의 어떤 룰 같은 거니까요. '그럴 필요가 있나? 지금이라도 좋아하는 일들을 찾아서 하면 되지!' 아마도 저는 그때, 그런 생각을 하기 시작했던 것 같습니다.

가구를 만들고, 소품 만들고, 집을 단장하면서 행복한 고단함이 시작되었습니다. 몸은 고된데 마음은 그렇게 좋을 수가 없었어요. 특히 내가 그려본 살림들이 내 눈앞에 현실로 하나둘 나타날 때면 저절로 탄성이 나왔죠. 아마도 그런 기쁨 때문에 다른 주부들도 그렇게 핸드메이드에 빠져 있는가 봐요.

가구 만드는 여자, 혼자서 집 고치는 여자 쭌사마. 저는 요즘 빈티지 감각에 푹 빠져 있습니다. 사실, 처음 시작할 때만 해도 살짝 로맨틱한 화이트 스타일을 좋아했어요. 당시에는 화이트 인테리어가 대세이기도 했고, 왠지 우리 집처럼 작은 평수에는 깔끔한 화이트가 정답이라는 생각이 들었던 모양입니다.

하지만 시간이 지날수록 점점 내추럴 스타일로 눈이 가더군요. 나무의 질감이 살아 있는 내추럴 가구나 소품을 만들다 보니, 이제는 빈티지 스타일로 저의 취향이 또 변했네요.

그런데요, 앞으로 한동안은 스타일이 변할 것 같지 않아요. 제가 지금, 빈티지의 매력에 단단히 빠져 있거든요. 빈티지 느낌을 더 진하게 표현하고 싶어 이런저런 자료를 찾다 보니 그 낡음의 매력이 점점 크게 다가오네요. 낡은 듯 보이지만 사용하던 사람의 흔적이 그대로 드러나는 빈티지의 마력이라니… 다른 사람들이 보기엔 어떤지 몰라도 제 눈에는 빈티지만큼 멋지고 그윽한 느낌이 없어요.

내가 좋아하는 빈티지, 내가 푹 빠져 있는 올드 내추럴 감각의 가구와 공간을 내 손으로 만들고 완성할 수 있다는 것에 늘 감사하며 하루하루를 열심히 살고 있습니다. 힘들지 않느냐고요? 전혀요. 저는 정말 그 시간이 즐거운 걸요. 아이 키우고 살림하는 일 말고는 딱히 '내 것'이 될 만한 시간이 없어 아쉬웠는데 가구를 만들고 집을 꾸미면서 새로운 활력소를 찾게 되었으니까요. 행복해서, 즐거워서 하나둘 만들어 채운 이야기가 있는 집, 그곳이 바로 여기 쭌사마네 집입니다.

여기 우리 집, 가족과 가구가 한 식구로 살아요

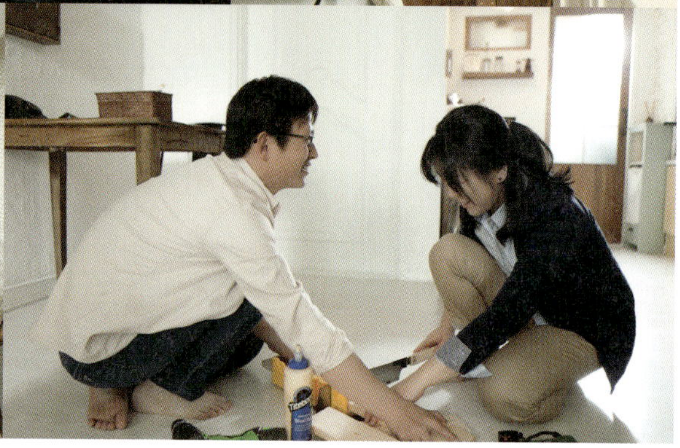

사랑해 요 아버지건어서

가구에 세월이 녹아들었으면
가구에 맛깔난 이야기가 스몄으면
그래서 가구 하나하나가
모두 다 값진 추억이 되었으면.

☆

☆

☆

☆

그래서 가구를 만듭니다.
내 가족의 삶에
우리만의 작은 역사를 담고 싶어서….

2014년 어느 날, 쭌사마 씀

Contents

04 **Prologue**
가구 만들고 집수리하면서 고물고물 사는
주부 〈쫀사마〉입니다

1장 그럼 집 구경부터 시작해 볼까요?

30 거실에 아치형 입구를 만들었죠
31 베란다 미닫이문도 해 달았어요

Living Room _ by JJUNSAMA
32 이보다 더 좋을 순 없는 '수제 거실'
34 샌드페인트 칠하고 깨끗하게 살자
35 소파 하나 그냥 사지… 만든다고?
36 복고 감각의 무드 조명으로 당첨!
37 소켓 조명 만들었으니 달아야지

Bed Room _ for JJUNSAMA COUPLE
38 그와 내가 푹 쉬어 갈 수 있게… 여기 침실
40 아! 좋다, 나무 냄새 그윽한 우리 방

Dining Room _ with JJUNSAMA'S FAMILY
46 빈티지 감각으로 꾸민 작은 식당
48 네, 여기는 욕실입니다

Kitchen _ by JJUNSAMA
50 내 멋대로 유럽 부엌 흉내를!
54 싱크대 건너편은 자체 발광 작은 카페

Kids Room _ for LOVELY HYUKJUNE
58 엄마표 핸드메이드 보물들이 있는 놀이터

Entrance _ for EVERYONE
62 누구에게나 손 흔들어 인사하는 현관

67 **Editor's Talk**
히스토리가 있는 집을 만든다는 것

2장 날마다 뚝딱거리면서 무얼 만드는 걸까요?

- 76 **Do, Do, Do, Right Now!**
  만든다, 무엇을?
  침대 같은 거대 가구조차도!
- 78 쭌사마 아지매, 참 대단하시네요!

Reform & Recycle _ at SMALL FURNITURE

- 81 안 쓰는 살림, 버리는 물건으로…
  소가구 & 소품 만들기
- 82 사과 궤짝으로 만든 수납함
- 83 생선 궤짝으로 만든 데코 박스
- 84 추억을 삼킨 듯, 나무 트렁크
- 85 아메리칸 스타일 블루 수납 박스
- 86 빈티지 2단 작은 박스
- 88 헌 서랍 재활용해 만든 빈티지 박스
- 89 번듯하게 재탄생된 3단 빈티지 서랍

Homemade Furniture _ by JJUNSAMA'S IDEA

- 90 딱 내 스타일, 가구 만들기
- 92 장식 없이 담백한 심플 선반장
- 93 바퀴 달아 주가를 높인 수납장
- 94 세워도 눕혀도 좋은 가로세로 수납장
- 96 봄을 닮은 노란 수납 선반장
- 100 미닫이문이 있는 벽걸이 수납장
- 101 나무로 만든 철제 느낌 수납장
- 102 진짜 고재로 만든 유리문 수납장
- 104 추억의 레트로 미닫이 장
- 105 고즈넉한 감각의 짙은 컬러 수납장
- 106 캐비닛을 제대로 닮은 수납장
- 110 공간 박스로 만든 수납장

Living Accessories _ in JJUNSAMA'S HOME

- 112 오리지널도 울고 가는
  빈티지 소품 만들기
- 114 개나리를 닮은 노란 선반
- 116 소프트 앤티크 감각 화이트 옷걸이
- 117 올드 빈티지 감각 브라운 옷걸이
- 118 철사 달린 빈티지 매거진 랙
- 120 화이트 빈티지 우편함
- 121 트레이 스타일 매거진 랙
- 122 체인 달린 빈티지 옷걸이

124	우드 프레임 클립 행어	139	무늬만 고재 연필
126	새 옷 갈아입은 낚시 의자	140	일일이 손으로 깎아 완성한 명품 우드 집게
127	아메리칸 스타일 빈티지 사인 보드	141	주사위 & 주사위 박스
130	커피 자루로 만든 액자형 걸이	142	버튼 장식 카드
131	정리 안 되는 책상 위 칸칸 수납 박스	144	나무로 만든 종이 느낌 미니 박스
132	스테인리스 스틸 부식시키기		
134	빈티지 그린 집게 조명		

I Love Stationery _ on the DESK

- 136 수제 문구 이야기
- 138 낭만적인 우드 자

146 Junsama's Talk
뭐든 만들 수 있으니 부자라고
생각하며 사는… 〈쭌사마〉입니다

3장 우리도 쭌사마처럼 만들어볼까요?

- 154 집 단장과 가구 만들기에 필요한 공구 이야기
- 152 연습 삼아 따라해 보는 가구 만들기의 기본
- 164 기초부터 차근차근, 다용도 수납장 만들기
- 170 페인팅의 기본
- 171 스텐실로 장식하기
- 172 블로그 이웃들의 Q&A

174 내 손으로 집수리 시작해 보기
- 176 01 아치형 입구 만들기
- 177 02 베란다 장식 창 세우기
- 178 03 벽면에 샌드페인트 칠하기
- 180 04 앤티크 조명 소켓 만들기
- 181 05 앤티크 소켓 전구, 레일에 달기
- 182 06 나무 프레임 소파 만들기
- 184 07 심플 우드 침대 만들기
- 186 08 다용도실 문짝 리폼하기
- 187 09 싱크대 리폼하기
- 188 10 다용도실 앞 가벽 세우기
- 190 11 키 낮은 주방 수납장 만들기
- 193 12 아이 방 벽 페인팅 & 칠판 페인트
- 194 13 아이 방 살굿빛 수납장 만들기

196 작은 집을 위한 맞춤 수납 가구 만들기
- 198 14 사과 궤짝으로 만든 수납함
- 199 15 생선 궤짝으로 만든 데코 박스
- 200 16 해묵은 멋, 트렁크 박스
- 201 17 아메리칸 스타일 블루 수납 박스
- 202 18 빈티지 2단 작은 박스
- 204 19 헌 서랍 재활용해 만든 빈티지 박스
- 205 20 장식 없이 담백한 심플 선반장
- 206 21 바퀴 달아 주가 높인 수납장

208　22 세워도 눕혀도 좋은 가로세로 수납장	233　36 체인 달린 빈티지 옷걸이
209　23 나무로 만든 철제 느낌 수납장	234　37 우드 프레임 클립 행어
210　24 봄을 닮은 노란 수납 선반장	235　38 새 옷 갈아입은 낚시 의자
212　25 미닫이문이 있는 벽걸이 수납장	236　39 커피 자루로 만든 액자형 걸이
214　26 진짜 고재로 만든 유리문 수납장	237　40 빈티지 사인 보드
216　27 추억의 레트로 미닫이 장	238　41 책상 위 칸칸 수납 박스
218　28 고즈넉한 감각의 짙은 컬러 수납장	240　42 빈티지 그린 집게 조명
220　29 캐비닛을 쏙 닮은 수납장	241　43 낭만적인 우드 자
222　30 공간 박스로 만든 아이 수납장	242　44 무늬만 고재 연필
	243　45 명품 우드 집게
226　시중에서는 살 수 없는 나만의 소품 만들기	244　46 주사위 & 주사위 박스
228　31 개나리를 닮은 노란 선반	245　47 버튼 장식 카드
229　32 세월 흔적 가득한 화이트 옷걸이	
230　33 철사 달린 빈티지 매거진 랙	**246　Epilogue**
231　34 화이트 빈티지 우편함	큰 집이 아니어도, 큰 돈 들이지 않아도…
232　35 트레이 스타일 매거진 랙	수고롭게 매만진 작은 집에서 행복을 배웁니다

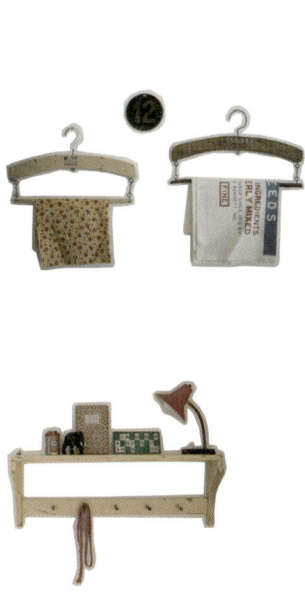

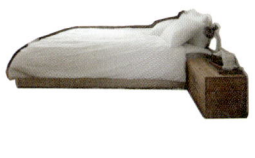

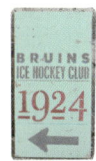

- 1장 -

그럼 집 구경부터 시작해 볼까요?

벽에도, 바닥에도, 가구와 소품에도
'쭌사마 공법'이 적용되었으며
독자들의 모든 집에도 얼마든지
복제 가능함을 알려드립니다! 하하!

- 부산 아지매, 쭌사마 백 -

176p
How to make
거실에 아치형 입구를 만들었죠

지은 지 20년 가까이 되는 24평 구식 아파트. 저희 집은 방이 큰 대신 거실과 부엌이 아주 작은 구조였어요. 지금 보이는 이곳, 책상이 놓여 있는 이 거실은 원래 미닫이문이 달려 있던 방이었답니다. 이 방의 미닫이를 과감히 떼어내고, 문턱까지 싹 없앤 후 아치형 입구를 만들어서 전혀 새로운 스타일의 거실로 개조했죠. 어쨌든 저는 집을 단장할 때, 거실에 특히 신경 썼어요. 온 가족이 함께 행복하게 시간을 보낼 수 있는 카페처럼 꾸미고 싶었지요. 다른 어떤 공간보다 멋진 조명으로 힘을 주고, 패브릭으로 만든 소파로 안락함을 준 것도 그래서입니다.

베란다로 통하는 미닫이문은 새로운 디자인과 빛깔로 재탄생시켰습니다. 문만 바꿔 달아도 집이 완전히 달라진다는 것을 그때 확실히 실감했죠. 일반적인 화이트 컬러 대신 블랙의 중후한 멋을 입혔는데 작은 집에도 의외로 잘 어울리는 거였어요. 아! 집이 좁다고 괜히 무시하고 그럴 일은 아니구나, 하는 걸 배웠다니까요. 창문을 바꿔 달고 났더니 제가 원하던 카페 같은 멋이 절로 나는 것 같습니다. 그래서 꼬꼬마 알전구들 한 줄로 걸어 보았더니 흠… 만족도가 200% 높아졌습니다.

177p
How to make
베란다 미닫이문도
해 달았어요

내가 좋아하는 흰색 작은 수납장, 그 위에 올린 나무 상자 또 그 상자 위쪽 벽에 걸린 매거진 랙… 모두모두 내 손이 빚어낸 물건들.

미닫이문에 알전구, 원목 프레임 소파에 트렁크 테이블…. 이걸 다 만들었다고? 나 정말 왜 그럴까?

마감재부터 전기 공사까지 전부 내 손으로! 이보다 더 좋을 순 없는 '수제 거실'

다정한 짝지가 되어 살기로 맹세한 우리 가족은 모이면 언제나 이 작은 거실에서 뒹굴며 지냅니다. 처음에는 마땅히 거실이라고 이름 붙일 곳도 못 되는 옹졸한 구조였죠. 그래서 미닫이문 달린 큰 방을 거실로 바꿔 놓았어요. 집에 있는 시간에는 다 같이 있자고 손가락 걸면서 컴퓨터 책상도 거실에, 텔레비전도 거실에, 소파와 테이블도 거실에… 옹기종기 한데 모아두었습니다. 그러니까 이름만 거실일 뿐 다용도실입니다. 어떤 날은 밥도 여기서 먹고, 낮잠도 여기서 잡니다. 모이면 다 같이 여기서 생활하는 거지요.

휑하니 크고 화려한 거실, 드라마나 영화 속에 등장하는 그런 거실은 하나도 안 부럽습니다. 물건만 번듯하면 무엇 하나요. 공간만 널따라면 뭐 해요. 거기에 사랑하는 마음이 있어야 진짜죠. 그래서 전 우리 집 거실이 마냥 좋습니다. 어딘가 망가지거나 왠지 싫증나는 구석이 생기면 또 손보면 되니까 괜찮습니다. 우리 집은 제 마음대로 언제든 뜯어고칠 수 있으니까요. 그러고 보니 이 거실 그 어디에도 제 손이 닿지 않은 곳이 없군요. 벽도 직접 칠하고, 가구도 어지간히 다 만들고, 칠도 하고, 소품도 만들어 걸고…. 수제 거실입니다. 좋네요, 수제 거실. 요즘은 뭐든 '수제'가 값어치 있게 취급되는 세상이니까요.

Living Room
by JJUNSAMA

열심히 파벽돌 붙여 만든 벽, 그런데 왜 지겹지?

파벽돌 붙여 완성했던 거실 벽면. 처음에는 예뻐 죽겠더니 시간이 지날수록 슬슬 싫증이 올라오더니 나중에는 막 부아가 치밀었다. '얘들은 왜 이렇게 지저분하니?' 이러면서! 결국 다 뜯어내기로 결정!

사진으로 표현이 될지 걱정스럽지만 어쨌든 이 벽면에 칠한 페인트는 '페인트라고 다 같은 페인트가 아니다' 하는 것을 제대로 보여주는 제품이다. 일명 샌드페인트. 그러니까 모래 질감이 느껴지는 페인트로 단장했다는 말씀!

—
before

—
after

178p
How to make
다 뜯자! 샌드페인트 칠하고 깨끗하게 살자!

안 해도 될 생고생을 하면서 카페 같은 분위기를 내겠다고 용썼던 거실 한쪽, 책상이 있는 풍경입니다. 그런데 핸드메이드의 경력이 쌓여가기 시작하면서 지나친 장식들이 눈에 거슬리기 시작하데요. 그래서 파벽돌 다 떼어내고 새롭게 페인팅을 했지요. 매끈한 페인팅 대신 샌드페인트를 입혔습니다. 샌드페인트는 거친 질감이 있는 페인트로 핸디코트와는 느낌이 살짝 달라요. 마치 모래 알갱이들이 벽에 붙어 있는 느낌이랄까?

참! 벽지 대신 페인팅을 하는 터라, 환경을 생각하는 어머니의 마음으로 페인트는 친환경 제품으로 골랐습니다. 깨끗하게 새 옷 입힌 벽면에 맞춤으로 놓을 만한 짙은 커피색 책상 하나 뚝딱뚝딱 만들고, 좋아하는 소품들 올리고, 컴퓨터 자리도 딱 잡아주니 좋았습니다. 마치 깨끗한 공부방 하나 새로 얻은 그런 기분이 들었으니까요.

182p
How to make
소파 하나 그냥 사지… 만든다고? 20만원이면 만드는데 사라고?

3년 전 처음 만들었던 소파를 버리고, 나무 향이 좋은 '레드시다' 품종의 원목으로 새 벤치를 만들어 보았어요. 나사못보다 튼튼하다는 스크루 못을 이용해 고정했구요. 군데군데 '목다보'라고 불리는 목심을 심어가면서 만들었더니 코끼리가 앉아도 끄떡없을 만큼 튼튼하답니다. 참! 소파처럼 큰 가구는 인터넷 쇼핑몰에서 구입하기 전에 미리 제대로 된 도안을 그려 두어야 해요. 그래야 나무가 배달되어 왔을 때 이것저것 헷갈리지 않거든요. 미리 도안을 그린 다음 그대로 절단 서비스를 받으면 집에서 간단하게 조립만 하면 완성되니까 소파처럼 제법 부피가 있는 가구도 만들기가 그다지 힘들지 않답니다.

인테리어 서적을 볼 때마다
가장 탐났던 것 중 하나,
소켓으로 만든 조명이었어요.
천장부터 길게 늘어뜨린 조명 몇 개만
졸졸 달아 놓아도 공간 분위기가
한껏 살아나는 것처럼 보였거든요.
그래서 하나 만들어 보았어요.
소켓에 별다른 장식이 없음에도
이렇듯 멋스러운 분위기가 나네요.

180p
How to make

싸구려 소켓 몇 개, 칠하고 매만지니
복고 감각의 무드 조명으로 당첨!

181p
How to make
**소켓 조명 만들었으니 달아야지
어떻게 달지? 내 손으로!**

거실에 미닫이 가짜 창문을 만들었어요.
그냥 무늬만 창일 뿐 열고 닫을 수는 없는,
그래도 한쪽에 통로가 있어서
하나 불편할 건 없는 그런 문.
운치 있는 이 자리를 빛내주기 위해
소켓에 알전구 끼워 만든 조명들을
레일에 줄줄이 달았습니다.
열 개도, 스무 개도… 마음먹은 대로
달아볼 수 있는 레일 전선을 추천합니다!

**거창하지는 않아도 단정하고 편안하게,
그와 내가 푹 쉬어 갈 수 있게… 여기 침실**

바람 솔솔 불어오는 창이 있고,
지친 몸 편안하게 눕힐 수 있는
나지막한 침대 하나.
침대 옆으로 작은 사이드 테이블 하나.
그리고 내가 좋아하는 책과 작은 램프.
이 정도면 됐다. 충분하다… 하다가
왠지 아쉬워 하얀 벽에 나무 패널을 덧댔다.
덕분에 16층 아파트의 이 작은 침실은
자연과 한층 더 가까워진 듯하다.
그래, 그래. 이제 이만하면 진짜 됐다.
참, 행복하다.

Bed Room
for JJUNSAMA COUPLE

간단한 작업으로 특이한 분위기를 낼 수 있는 방법에 대해 고심하다가 나무를 잘라 만든 패널을 빈 벽에 붙여 보았다. 하얀 침실에 짙은 나무 벽. '핀란드가 따로 없네!' 하고 나 혼자 좋아라 하는 중이다.

하얀 리넨 커튼과 나무 패널 벽에 잘 어울리는 커튼 박스 하나도 덤으로 뚝딱.

나무 상자 같은 프레임을 만들어 그 안에 매트리스를 쏙 집어넣었더니 간단하게 침대 하나 완성되었다. 그래, 심플이 답이다.

**침대 만들고, 벽에 나무 패널도 덧대고… 하얀 커튼 살랑!
아! 좋다, 나무 냄새 그윽한 우리 방**

184p
How to make

아이가 아장아장 걸을 때쯤이었어요. 잠깐 사이에 아이가 침대에서 떨어져 머리를 살짝 다쳤죠. 그날 이후, 안방에서 침대를 치웠어요. 그때부터 침대 없이 살았던 거죠. 아이가 자라고 침대가 필요하다 싶을 무렵엔 마음에 드는 디자인이 없어서 구입을 미뤘습니다. 그래서 우선 매트리스만 구입해서 쓰고 있었어요. 침대 프레임은 내가 직접 만들어야겠다, 생각했던 거지요. 곧 만들어야지, 만들어야지 마음만 먹기를 몇 개월. 이제야 침대 프레임을 만들었어요. 저는 헤드 보드가 없는 디자인이 좋아요. 그리고 매트리스는 프레임 안으로 깊숙이 들어가는 스타일이 좋고요. 그래서 아주 심플하게, 그리고 만들기 손쉬운 안방 침대를 제작하기 시작했어요. 어쨌든 그 덕분에 겨우 침실 모양을 갖추게 되었답니다.
그렇다고 뭐… 지금 여기가 대단히 훌륭한 자리가 되었다는 건 아니에요. 그저 있던 가구 몇 가지 싹 내다버리고, 침대 하나 새로 만든 것이 큰 도움이 되었다는 거죠. 참! 책을 내겠다고, 그래서 우리 집에 촬영을 오겠다는 전갈을 받은 뒤에 후다닥 해치운 작업도 있습니다. 벽면에 패널 붙이기. 쪽쪽이 나무 패널들을 하얀 벽에 가지런히 붙여주었더니 괜찮아 보입니다.

엄마도, 아이도, 하루 종일 끼고 사는…

이 테이블은 도대체 뭐지? 어디지?

Dining Room
with JJUNSAMA'S FAMILY

**북유럽 카페에서 밥 먹는 것처럼 살려고…
빈티지 감각으로 꾸민 작은 식당**

언뜻 보면 여기가 과연 어디인가 싶으시죠? 부엌 옆 식당이라고 하기에는 좀 헐렁하니 휑해 보이기도 하고, 그렇다고 돈 내고 들어가는 식당은 아닌 것 같고…. 제 블로그를 구경하던 이웃들 중에는 외국 가서 찍어온 사진이 아니냐고 묻는 분들도 있답니다.

그런데 사실 이곳은 저희 집 욕실 문 옆에 겨우 마련된 가족 식당입니다. 아니, 식당이랄 것도 없고 식탁이 있는 자리 정도 될까요? 빈 벽에 식탁 하나 놓는 정도가 고작이다 보니 마땅히 꾸밀 아이템도 없고 해서 욕실 문에 힘을 좀 줬죠. 욕실 문에 유리창을 내고, 짙은 그린 컬러 페인팅을 했더니 이렇게 이국적인 공간이 탄생했네요.

식탁 위쪽에 걸린 빈티지 감각 수납장은 보이시나요? 제 마음에 쏙 드는 녀석인데요. 사실은 인터폰 케이스랍니다. 20년이 다 되어가는 낡은 아파트인지라 스위치 콘센트나 인터폰 등이 무척 낡았거든요. 그래서 이렇게 심플한 수납장 하나 만들어봤는데, 어때요? 그럴듯한 벽 장식이 되었죠?

인터폰 케이스 위쪽에 얌전히 달려 있는 빈티지 느낌의 벽 등 하나. 요 아이에게도 사연이 있습니다. 검은색 갓을 쓰고 있는 벽 등을 구입한 뒤 내 방식대로 재탄생시키기 위해서 그 위에 래커를 뿌리고, 등을 고정할 수 있도록 거친 감촉의 판자를 덧대주었지요. 아직 전선을 연결하지 않아서 불은 켜지지 않지만 그래도 이 작은 코너를 빛내주는 아이템이 되었답니다.

세월의 깊이감이 느껴지는 고재 테이블을 만들고, 빈티지 철제 의자 2개를 서로 다른 색으로 매치했더니… 뭐… 이만하면 괜찮죠?

초록색 욕실 문을 엽니다
그 다음엔 수납장 문을 엽니다
네, 여기는 욕실입니다

욕실입니다, 하고 페이지를 열어 놓았지만 정작 욕실은 보이지 않고 가구만 보이네요. 세면대니 욕조니 하는 녀석들이 하도 볼품이 없어서 숨겨두고는 제법 디자인적으로 보이는 수납장만 주인공으로 내세운 거죠.

남의 손 빌려서 공사하는 일은 꿈도 꿔본 적이 없는 집이라, 구석구석 어설프기는 합니다. 게다가 계속 고치면서 살아가는 현재 진행형의 집이니 더욱 그래요. 하지만 재미가 있습니다. 매일매일 조금씩 달라지는 재미. 뿐만 아니라 기성 제품으로는 찾아볼 수 없는 우리 집만의 특제 아이템들만 모여 살고 있으니 그것도 나쁘지 않습니다.

가구도 그렇고 공간도 그렇고… 문짝에만 힘을 좀 실어주어도 기대 이상으로 괜찮은 풍경이 만들어져요. 그 대표적인 사례로 욕실 문짝을 들 수 있지 않겠어요? 기존의 문짝에 붙어 있던 요상스러운 몰딩을 싹 떼어낸 뒤 위쪽에 다이아몬드 형태의 홈을 내어 유리를 끼우고, 표면에 규칙적으로 나무 졸대를 붙였더니 전혀 다른 모습으로 변신했죠. 그 위에 짙은 초록빛 페인트를 칠해 주니 우리 집의 히트 아이템으로 등극하셨습니다.

자, 그럼 이번에는 욕실 수납장 이야기를 해 볼까요? 욕실이란 자고로 아주 사소한 살림들이 많은 곳이니 수납이 무엇보다 중요하잖아요. 다행히 저희집 욕실 가구는 칸칸이 잘 나뉘어진 것이라 내부는 크게 손볼 게 없었어요. 대신 집 안 전체의 스타일에 맞추느라 나무판을 덧대고 색을 조금 입혀 줬어요. 어때요? 작은 손길만으로도 욕실 분위기가 한층 새로워진 느낌이죠?

Kitchen
— by JJUNSAMA

**벽돌 가벽 세우고, 싱크대도 리폼하고…
내 멋대로 유럽 부엌 흉내를!**

작은 유리창 너머로 흐릿하게 보이는 풍경.
바로 우리 집의 작은 부엌입니다.
부엌은 여자의 꿈이라고 했잖아요.
새로운 느낌의 부엌을 만들어보고 싶었어요.
주택 같은 느낌도 좋고,
일본식 빈티지의 내추럴한 느낌도 좋고.
아무튼 틀에 박힌 아파트 부엌 대신
조금 색다른 공간은 없을지 생각해 보았어요.
그러다 어느 날,
눈에 들어온 풍경 하나가 있었습니다.
짙은 컬러의 파벽돌이 있고,
화사한 스테인드글라스가 있는
유럽의 작은 부엌.
그래서 용기를 냈어요.
적벽돌을 쓰게 되면
공간이 너무 칙칙해 보이지 않을까,
처음에는 걱정도 했지만
의외로 우리 집 분위기와 잘 어울리네요.
부엌 싱크대의 경우는
완전히 새것으로 교체할 수 없어서
리폼을 선택했어요.
싱크대 문짝만 색다른 컬러로 바꾸어도
공간의 표정이 한층 달라진답니다.
이국적으로 변한 쭌사마네 부엌,
하나하나씩 구경해 보세요.

부엌 앞에 세운 벽돌 가벽에는 스테인드글라스 흉내를 낸 유리를 끼워 멋을 냈다.

뭐든 평범한 건 별로야, 하면서 낡은 스위치에 문을 해 달았다. 문이 열리는 스위치다.

다용도실로 나가는 문 위쪽 벽면에도 괜히 장식 하나. 부식된 철제 숫자 장식을 착 붙였더니… 괜찮다.

리폼해 만든 싱크대 문짝에 날씬한 철제 행어 형태의 롱롱이 손잡이 하나 달았더니 부엌용 타월 같은 것들 걸어 두기에도 좋고, 장식 효과도 만점.

186p
How to make

부엌에서 거실 쪽으로 바라보면 이런 모양이 나온다. 한눈에 다 들어오는 공간인데 가벽으로 살짝 가려준 센스가 통했나, 싶다.

여기는 내가 사랑하는 부엌. 핸드메이드의 집결체가 된 공간이기도 하다. 기존에는 하이글로시 상부장이 붙어 있었는데 그 문짝 위에 MDF 프레임을 새로 얹고, 부드러운 색을 칠한 후 손잡이를 바꾸어 편안한 감각으로 변화시켰다. 하부장은 프레임 속에 줄무늬 모양이 있는 판재를 넣어서 지루한 느낌을 없앤 것이 특징. 싱크대 문짝도 새로 만들어 달고, 다용도실 벽과 문짝도 만들고, 가구도 만들고, 조명도 직접 달고…. 쓰다 보니 자랑 같아졌는데… 자랑 좀 하지, 뭐!

187p
How to make

삼부장과 아래 싱크대 사이의 폭 좁은 벽도 그냥 두기는 아까우니까!
문짝이 위로 열리는 상자 형태의 수납장을 만들어서 부착했다.

싱크대 건너편은 자체 발광 작은 카페, 직접 만든 가구와 소품이 그득그득

유난히 부엌이 좁았어요. 여자의 살림 욕구는 부엌 크기와 비례한다는데 이래서 되겠나, 했죠. 냉장고 하나 넣고 나면 끝! 처음에는 별수 없이 마음을 비우고는 다용도실 쪽으로 간단히 가벽 하나 세운 다음 간이 테이블을 만들어서 지내고 있었어요.

그뿐일까요? 다른 집처럼 상부장 없이 멋진 프로방스 분위기를 내보고도 싶었지만 그런 꿈 같은 것은 진즉에 포기했어요. 그릇이며 잡다한 살림살이 같은 것들을 이고 지고 살 수는 없으니까요.

그런데 이게이게 시간이 갈수록 부엌이 점점 더 숨통을 조여오데요. 결국 냉장고를 뒷베란다로 빼고, 부엌 넓히기 및 단장하기 작전을 시작했습니다. 먼저 눈에 거슬리는 아이부터 착착 지워내기로!

기존의 하이글로시 싱크대, 그러니까 빛나리 아저씨 두상처럼 반들반들한 싱크대 문짝 위에 MDF 프레임을 덧대서 리폼을 했어요. 내가 좋아하는 컬러로 색도 칠하고, 작은 양념 선반장도 달았죠. 공간마다 손잡이도 바꿔 달았더니 생각지도 않았던 소소한 행복이 생긴 것 같아서 의외로 기분이 무척 좋아지데요.

190p
How to make

냉장고가 있던 자리에 만들어 넣은 키 낮은 수납장. 올드 빈티지 느낌으로 색을 입혀 놓았더니 색감만으로도 한몫해 낸다. 가운데 오픈 공간에는 리넨 가리개를 달아 지저분한 것들을 커버할 수 있게 했다.

냉장고를 밖으로 빼내면서 다용도실 문 앞쪽으로 세운 폭 좁은 가벽. 햇빛 들어오라고 작은 창을 내고, 그 아래쪽에 선반 하나 달아서 카페 같은 멋을 연출해 보았다.

버티고 있던 냉장고는 뒷베란다로 옮겨주고 그 자리에 작은 창이 달린 번듯한 가벽 하나 세웠죠. 그러고 나서 가벽 앞 공간에 딱 어울리는 너비의 키 낮은 수납장을 만들어 가득 채웠어요. 키 낮은 수납장 덕분에 지저분한 부엌 용품은 보이지 않게 수납하고, 가구 위쪽은 서브 조리 공간으로 활용할 수 있어서 부엌일이 한층 더 즐거워졌어요.

마지막 작업은 다용도실로 나가는 문짝! 빛이 좋은 부엌이었으면 하는 욕구가 밀려오는 바람에 다용도실 문짝은 내추럴한 나무 프레임이 있는 유리문으로 리폼해서 달았어요. 꽤 긴 나날 동안 땀을 쏟아내며 완성한 쭌사마의 부엌. 저는 이 공간을 사랑합니다. 물론 꿈꾸는 부엌에는 아직 도달하지 못했지만 이만하면 자존심 상할 일은 없지 않겠어요?

188p
How to make

Kids Room
for LOVELY HYUKJUNE

그림 그리기 좋아하는 아이를 위해 벽 전체를 스케치북으로 만들어 선물했다. 내 아들 혁준이는 의자에 앉아서도 그림을 그리고, 벽에 붙어 서서도 그림을 그린다. 누가 누가 더 높은 곳까지 그림을 그리나, 엄마인 나와 함께 내기를 해보기도 한다. 행복하다. 아이가 좋아하니까 나도 좋다.

193p
How to make

칠판 페인트를 발라주었더니 방 전체가 혁준이의 스케치북이 되었다. 넓어진 스케치북의 크기만큼이나 아이의 꿈도 커가기를!

내 손으로 만들어준 아이 책상. 그 모서리에 걸린 작은 패브릭 주머니, 창가의 갈런드 역시 엄마표 작품이다.

칠판 벽면이 있는 아이 방, 엄마표 핸드메이드 보물들이 있는 놀이터

아이는 나에게 늘 새로운 영감을 주는 존재예요. 다른 공간에 비해 유난히 색이 많은 혁준이 방. 며칠씩 고민해서 완성하지만, 완성한 바로 그날 밤에 또 다른 아이디어가 떠올라 부족한 면이 눈에 띄는 곳이기도 하죠. 하지만 아무렴 어떤가요. 내 아들 혁준이가 이 공간을 사랑하는 걸요. 엄마 손으로 완성된 공간에서 자랐다는 추억만으로도 충분하지 않겠어요?
혁준이 방의 한쪽 벽은 늘 컬러가 달라집니다. 아이의 기분에 맞춰 컬러가 변하는 다이내믹한 방이죠. 지금 혁준이의 방은 블루 톤이 감도는 그린이 주제예요. 널찍한 벽을 아이가 마음껏 낙서할 수 있는 칠판 페인트로 칠해 주었거든요. 다른 공간은 빈티지를 주제로 하는 데 반해, 아이 방은 이런 콘셉트에서 벗어나 최대한 자유로운 공간으로 꾸며주고 싶었어요. 유일하게 컬러를 마음껏 사용하는 곳인 만큼 엄마인 나의 도전 정신을 한껏 발휘해 보려고 했죠.
물론 가구는 우드 소재를 기본으로 선택하고, 소품에 컬러를 넣어 변화를 시도하는 것이 요령입니다. 또한 수납력 좋은 가구들로 만드는 걸 목표로 삼았습니다. 워낙 자잘한 살림이 많은 공간이니까요. 이를테면 세우고, 붙이고, 거는 다양한 수납장들이 존재하는 곳, 바로 여기가 혁준이 방인 셈이죠.

빈티지한 감각을 살려 만들어본 아이 방 가구들과 미니 부엌놀이 세트, 핸드메이드 달력… 아이 방은 엄마의 전시장이다.

194p
How to make

아래 서랍장에는 바퀴를 달고, 살굿빛으로 컬러를 입혀 상큼하게 만든 선반장. 내추럴한 느낌의 손잡이가 눈에 띈다.

엄마가 만든 작은 공간 속에서
아이는 꿈을 꿉니다.
인형과 함께 이야기를 나누기도 하고,
블록을 모아 꿈꾸는 세상을 만들기도 하고,
색색의 크레파스로 그림도 그려요.
혼자서 꼬물꼬물 움직이는 내 아이.
그 아이의 티 없는 웃음 한 자락을 보기 위해
저는 오늘도 아이 방에
엄마의 응원과 숨결을 불어넣어 주고 있어요.

Entrance
for EVERYONE

어서 오라고, 안녕히 다녀오라고, 누구에게나 손 흔들어 인사하는 현관

만들기 좋아하는 아줌마를 주인으로 둔 덕분에 현관문 역시 몇 번이나 제 모습을 바꿨어요. 성형이죠, 성형. 마그넷 장난감이 문에 척척 붙어서 한때는 아이의 놀이 공간이 되기도 했었고, 갖은 색 다 입혀 가면서 옷 갈아입히기도 했죠. 그런데 현관마저도 아이의 놀이 공간으로 마음껏 사용하게 하다 보니 입구부터 너무 지저분해서 마음이 쓰였어요. 그래서 큰맘 먹고 현관을 정돈했죠. 이번에는 최대한 깔끔하고 운치 있는 블랙 컬러로 페인팅 작업을 했습니다. 문 한쪽 옆으로 서 있는 벽돌 가벽 덕분에 문을 열면 마치 카페에 들어온 느낌? 어쩜 나만의 착각인지도 모르겠지만 말이에요.

현관 신발장? 리폼으로 새롭게 변화를 주었죠. 기존 신발장은 부엌의 싱크대와 짝을 이뤄서 하이글로시 소재로 만든 제품이었거든요. 보기 싫잖아요. 번쩍번쩍하니까. 그래서 초강력 젯소를 2회 칠한 다음, 그 위에 페인팅을 했어요. 번들거리니까 칠이 안 먹을 거라고 생각하기 쉬운데 그렇지 않아요. 밑 작업만 잘해 주면 얼마든지 변화를 줄 수 있다니까요.
당연히 우리 집 분위기에 맞는 무광 가구로 만들고 싶어서 선택한 페인트가 '벤자민무어'의 '아우라 바스 앤 스파' 제품이었습니다. 꼼꼼하게 페인팅을 한 후 손잡이를 바꿔 달고, 네임 태그를 달아서 빈티지한 느낌을 살렸답니다.

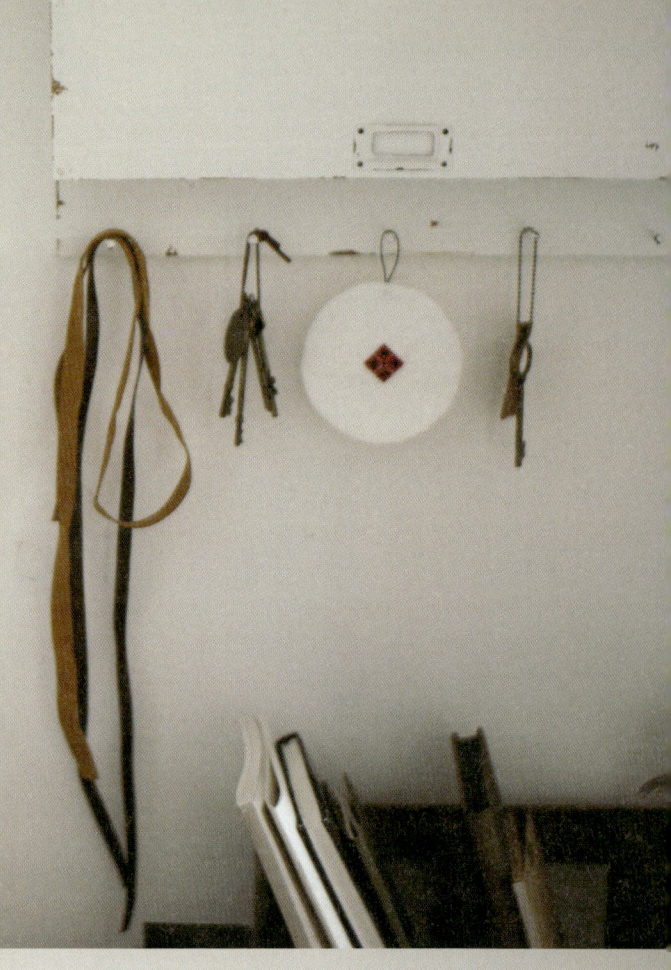

Editor's Talk

히스토리가 있는 집을 만든다는 것
쭌사마의 집에서 그 착한 행복을 보았다

블로그를 통해 쭌사마의 집을 처음 만났을 때, 그 희열이 아직도 생생하다. 그녀에 대해 자세히 알지 못할 때 우리는 그녀의 집이 한국이 아닌 어디 먼 외국일 것이라 단정했었다. 도무지 한국에서는 볼 수 없는 색감과 분위기들. 이 사람은 대체 무얼 하는 사람인지부터 궁금했다. 그래서 하나씩, 차근차근 그녀의 블로그를 살펴보기 시작했다.
고맙게도 그녀의 집은 머나먼 타국이 아니라 내 나라, 부산에 있었다. 참 다행이지 싶었다. 이렇게 멋진 집을 직접 구경해 볼 수 있다는 생각에 행복하기까지 했다. 아직 책을 낼 정도는 아니라고, 다른 사람들에게 도움이 될 것들이 더 많아지고 난 후에 만나자고 한사코 거절하는 그녀를 열심히 설득하여 그녀의 집을 처음 방문하던 날. 사진으로 볼 때보다 훨씬 더 생생하고, 생활감 넘치는 그녀의 집이 더 좋아졌다.
쭌사마, 혁준이 엄마. 그녀의 집에서는 사람 살아가는 향이 났다. 눈길 닿는 곳마다 가족을 위한 주부의 세심한 손길이 느껴져 부럽기도 했다. 저 창을 만들면서, 저 의자를 만들면서 그녀는 무슨 생각을 했을까… 몇 번이고 곱씹으며 생각해 보게 했다.
향기 좋은 나무로 소파를 만들 때는 회사에서 돌아와 편히 누워 쉬게 될 남편 생각을 했겠지. 아이 방 벽을 칠할 때에는 오늘 또 컬러가 바뀌었다고 신나할 혁준이 얼굴을 생각했겠지. 그래, 그랬겠지. 정말 그랬을 거야.
잘 꾸며진 집은 부럽지 않다. 가치가 느껴지는 집이 좋다. 그래서 우리는 쭌사마의 집을 사랑한다. 히스토리가 있으니까. 이야기가 있는 공간을 만들고, 그 공간 안에서 함께 깊어가는 가족을 만난다는 것은 참 기쁜 일이다. 우리가 느낀 이 기쁨을 독자들과 함께 나누고 싶어서 기어이 책으로 묶는다.
이 책이 어느 독자의 집으로 배달되어 가거든 또 다른 가족의 또 다른 행복이 되어 포도송이처럼 주렁주렁 엮여갔으면 좋겠다. 그 마음으로 그녀의 집 꾸밈, 그러니까 첫 파트의 문을 닫고 잠시 쉬어 간다. 조금 쉬고 나서 다시 그녀가 만든 작품들을 본격적으로 구경할 차례다.

쭌사마에게 집은 바람 좋은 언덕이고,
꿈을 쓰는 책상이며 식구들 뒹구는 놀이터다.
그래, 그 엄마 쭌사마는…
천하무적 마징가 제트이자 마법의 손, 맥가이버다.

- F·book 생각 -

밤이 깊었습니다.
한잠 푹 주무시고 난 후에
가구 만들기 코너에서 다시 뵙죠.
그럼 이만 불 끄겠습니다.
딸깍!

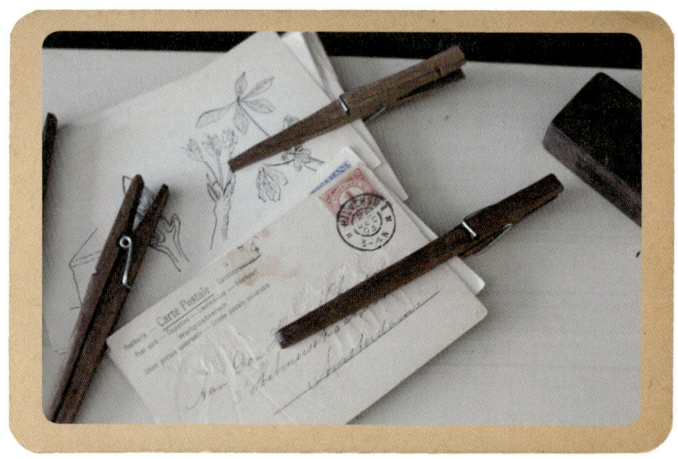

날마다 뚝딱거리면서 무얼 만드는 걸까요?

- 2장 -

이 집에 있는 89.59%의 가구와 소품은 모두 다 본인이 직접 만든 수제품이며,
쭌사마가 만들었으니 독자들도 얼마든지 만들 수 있다고 확신하는 바입니다.

– 혁준이 어무이, 쭌사마 백 –

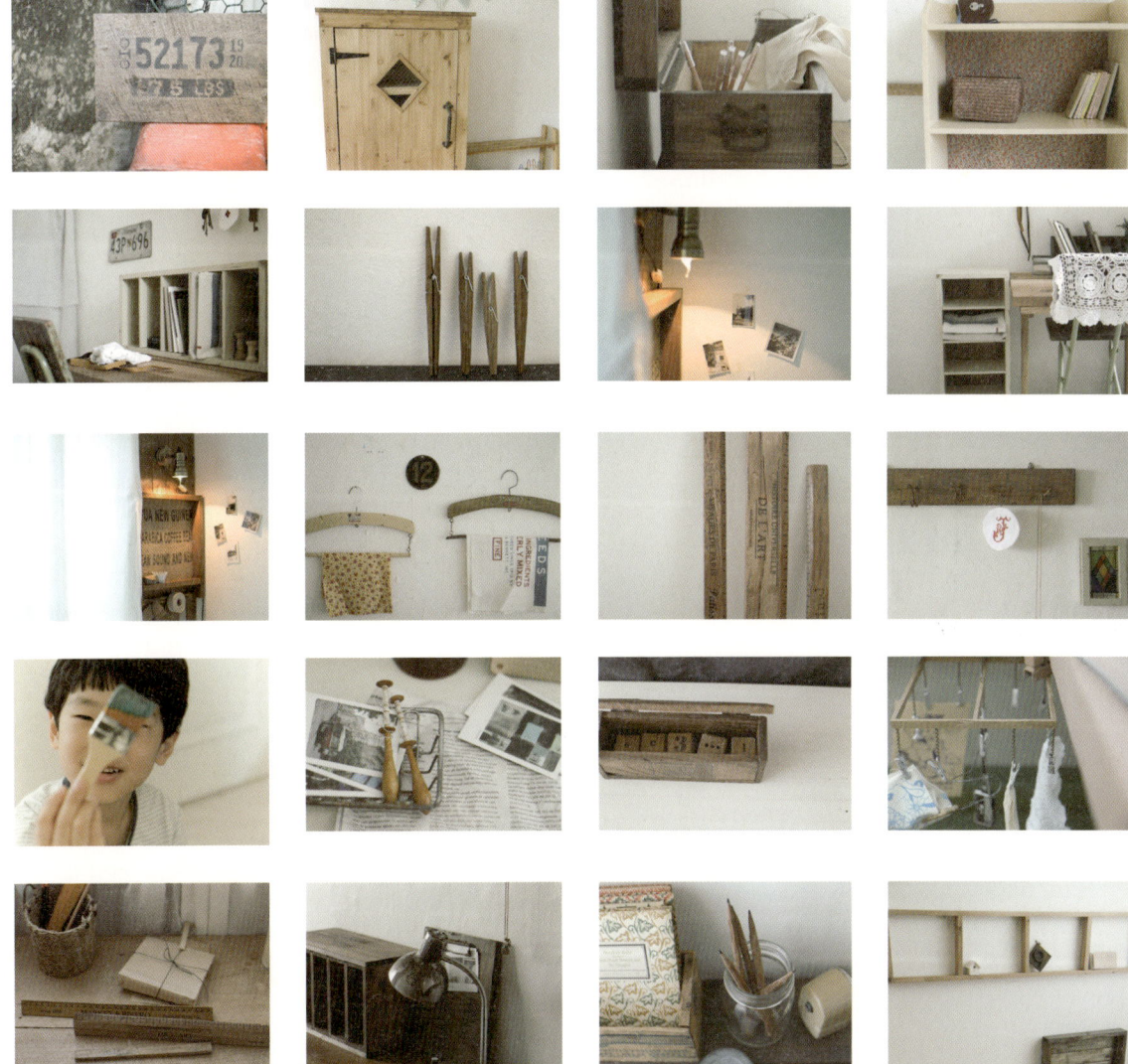

Do, Do, Do, Right Now!
침실에 쪼그리고 앉아서도 만든다, 무엇을? 침대 같은 거대 가구조차도!

고치고, 만들고, 칠하는 모든 작업을 집에서?
쭌사마, 아지매 참 대단하시네요!

제 블로그에 놀러오는 분들 중에는 제가 아주 썩 훌륭한 작업실 하나 가지고 있을 거라고 생각하는 분들도 있습니다. 상상이 안 되는가 봅니다. 집에서, 그것도 아파트에서, 그것도 겨우 스물 몇 평 아파트에서 이런 만행(?)들을 저지를 거라고는 생각지도 못하는 거죠. 하기는 이상하기도 하지, 그게 맞죠.

사실 저도 처음에는 이렇게 대담하지 못했답니다. 작은 액자 하나 리폼하면서도 온갖 걱정이 앞섰거든요. 망치면 어떡하지? 페인트 냄새 나면 어쩐담? 칠하다 이상해지면 다시 칠해야 하나? 아님 그냥 버리나?… 가지각색 오만 가지의 걱정, 걱정들. 그런데 이제는 커다란 침대를 만드는 일조차도 전혀 겁이 나지 않아요.

내공이 쌓여서 그렇겠죠. 여기에서 말하는 내공이란 실력이 아니라 경험입니다. 자꾸 만들다 보면 용기가 불끈불끈 솟는 법이거든요. 물론, 아주 작은 물건이라고 해도 한 번에 완벽하게 끝나기란 쉽지 않습니다. 언제나 몇 번씩 시행착오를 거치죠. 하지만 저는 이제 그런 실수가 무섭지 않습니다. 시행착오의 과정 속에서도 항상 배우는 게 있거든요. 바느질을 하는 일에 빠져 있는 주부가 있고, 요리하는 걸 좋아하는 엄마도 있습니다. 가구를 만드는 것도 별로 다르지 않습니다. 자꾸 하다 보면 바느질이나 요리, 설거지나 빨래를 하는 정도의 강도처럼 사소하게 느껴지거든요. 게다가 무언가를 완성했을 때의 기쁨이란 말로 표현할 수 없을 정도입니다. 내 마음에 쏙 들게, 내 손으로 직접 만든 물건들로 집 안을 단장한다는 것은 참 벅찬 흥분을 안겨주니까요.

대문 열어 반기며 집을 다 보여드렸으니 이제 구석구석 숨어 있는 제 가구와 소품들을 소개할 차례입니다. 대단히 어려운 물건들은 없습니다. 간단히 만들 수 있는 박스와 선반 형태의 살림들 위주로 담아 놓았으니 마음에 들면 찜해 두셨다가 짬날 때 하나씩 만들어 보시지요. 단언컨대 제가 만들 수 있다면 여러분들도 얼마든지 만들 수 있습니다.

Reform & Recycle
at SMALL FURNITURE

안 쓰는 살림, 버리는 물건으로… 소가구 & 소품 만들기

가구를 만든다고? 직접? 생각만 해도 절레절레 고개를 흔들게 되는 독자들이 분명 있을 것 같습니다. 당연합니다. 저도 처음에는 액자 프레임 하나 만들면서 머리카락이 다 빠질 만큼 고민했으니까요. 하지만 시작이 반이라고, 일단 해보면 반드시 잘할 수 있게 됩니다. 시작이 어려운 독자, 도저히 엄두가 나지 않아 짜증이 살짝 올라오는 독자들을 위해 아주 간단한 만들기부터 소개하려고 합니다. 쉽게 구할 수 있는 물건들, 어느 집에나 있을 법한 몇 가지 폐품으로 제법 운치 있는 빈티지 소가구나 소품을 만드는 작업부터 시작해 보죠. 하면 된다니까요. 진짜로!

그냥 두어도 썩 괜찮았던 해묵은 느낌의 사과 궤짝. 애써 땀내면서 닦고, 톡톡톡 글자 스텐실 장식을 더해 내 스타일의 빈티지 상자로 변신.

198p
How to make

썩은 상자 주워다가 뭘 했을까요?
사과 궤짝으로 만든 수납함

예전에는 과일, 특히 사과나 배 같은 건 나무 상자에 담겨 있었잖아요. 일명 궤짝 말이에요. 진짜 운치 있었는데…. 요즘엔 모든 과일들이 다 종이상자에 담겨 있어서 편리하긴 하지만 낭만이 없어요. 그죠? 제 말이 맞죠?
그런데 얼마 전, 명절을 지내느라 시골에 갔다 왔거든요. 시골? 부산 사는 여자가 시골 얘기를 하니까 좀 이상하네요. "거기는 뭐 서울이가?" 하시는 분들이 계실까 싶어 분명히 밝혀 두는데 부산은 제2의 서울입니다. 부산광역시 아닙니까. 아시지예? 어쨌든 그 시골에 갔더니 버리는 궤짝이 얼마나 많던지요. 창고에 척척 쌓여 있던 상자를 다 가져오고 싶었지만 그럴 사정이 못 되는 바람에 몇 개 집어 들고 왔습니다. 그중에서 사과 궤짝 하나를 가장 먼저 리폼했어요. 오래된 느낌이 있어서일까요. 크게 멋을 내지 않아도 쭌사마 스타일에 딱 맞는 소품으로 변신이 되네요. 도색을 하지 않고 간단하게 스텐실 작업만 했는데 이 정도로 멋이 난답니다. 참! 스텐실 작업용 글씨본은 시중에서 판매하는 스텐실 도안을 사용하면 어렵지 않게 완성할 수 있어요.

비린 물기가 채 마르지도 않은 원조 생선이네 집. 철망 덧대고, 스텐실로 숫자 장식 넣어 새롭게 완성한 데코 박스.

퀴퀴한 비린내는 어떻게 없앴을까요?
생선 궤짝으로 만든 데코 박스

시골 창고에서 건져온 또 하나의 보물이 등장하십니다. 이번에는 생선들 펄떡이던 궤짝 되시겠습니다. 첫눈에 반해서 집으로 가져오기는 했는데… 요것이 태생이 태생인지라 비릿한 냄새가 솔솔 올라오는 게 좀 마음에 걸렸습니다. 그렇다고 포기할 순 없죠. 깨끗이 씻고, 볕에 몇 날 며칠 말리면서 어르고 달랬습니다. 이놈으로 뭘 할까, 벽에 걸어도 되고, 테이블 위에 올려도 되는 데코 박스를 만들자 했습니다. 물론, 아주 실용적인 아이를 만들기에는 역부족입니다. 그저 분위기 살리는 소품으로 딱 좋은 데코용이죠. 바닥의 나무판은 싹 떼어내고 테두리만 남긴 뒤에 철망을 달아서 만들었습니다. 역시 스텐실로 숫자 몇 개 톡톡 찍어주니 이 역시도 만족감이 5000%에 달합니다. 업어온 궤짝마다 전부 같은 방법을 더해 재탄생시켜 주었더니 판·검사 자식을 둔 부모처럼 마음이 든든합니다.

199p
How to make

물건을 담는 것 이외의 예쁜 짓은 할 수 없었던 투박한 나무 상자.
오일 스테인을 덧칠하고 갖은 장식 더해 트렁크로 완성!

200p
How to make

밋밋하던 나무 상자가 돌변했다
추억을 삼킨 듯, 나무 트렁크

나뭇결이 그대로 살아 있는 박스도 좋지만, 저는 세월의 흔적이 가득 담긴 빈티지 트렁크 하나 갖고 싶었어요. 가구 만들 줄 아는 손을 가졌으니 박스부터 만들어야 하나, 그러다가 집 안 어딘가에 콕 박아 두었던 삼나무 박스를 발견했죠. 크기도, 모양도 딱 좋아서 당첨! 페인트 대신 오일 스테인을 여러 번 덧칠해 고전적인 느낌을 살렸습니다. 저는 벚나무와 흑단 컬러의 오일 스테인을 사용했어요. 거기에다 부식된 손잡이를 부착하고, 스텐실 기법으로 글자 문양을 넣어주니 딱 제가 바라던 트렁크로 대변신 했답니다. 소파 앞에, 침대 옆에… 수납도 되는 테이블처럼 활용하기 딱 좋아요.

선반에 끼워 두고 쓰던 상자의 변신!
아메리칸 스타일 블루 수납 박스

누구나 특별히 좋아하는 색이 있잖아요. 저는 이상하게 초록이 참 좋더라고요. 그래서 소품이나 가구를 만들 때면 저도 모르게 자꾸 초록 페인트에 손이 가곤 해요. 진한 초록, 맑은 초록, 새싹 초록, 늙은 잎 초록, 기타 등등. 그러다 보니 온통 초록 일색으로 되어갔죠. 이번에도 역시 초록으로 가는 손을 애써 멈추게 한 후에 살짝 비슷한 블루 톤의 컬러를 입혔던 아이가 있습니다. 보통 선반장 같은 곳에 끼워 두고 쓰는 상자였어요. 일반적으로는 MDF 소재들 많이 사용하시죠. 제 경우에는 원목 상자가 있었는데 MDF든 원목이든 상관없이 도전해 보실 수 있겠습니다. 색만 잘 입히면 되니까요. 전체적으로 블루 컬러를 입히고, 앞면에 스텐실 도안으로 콜라 영문을 넣은 후에 손잡이만 달아주었죠. 오일 스테인만 발라서 빈티지한 느낌을 살리는 것도 좋지만, 가끔은 이렇게 깔끔한 색의 페인트를 입혀 보는 것도 방법입니다.

201p
How to make

장식도, 문양도 없던 참으로 베이식하게 네모진 수납용 박스. 블루 컬러의 옷 입히고, 스텐실 기법으로 글자 문양 넣고, 손잡이 달아 새롭게 완성.

요모조모 쓰임새 많은
빈티지 2단 작은 박스

박스 만들기의 백미는 바로 이렇게 짠 하고 열었을 때 2단으로 사용되는 작품이 아닐까 싶어요. 도대체 2단 박스를 어떻게 만드냐구요? 그 속에는 어마무시한 쭌사마만의 비밀이 숨겨져 있어요. 제가 이 비밀은 혼자 오래오래 간직하려 했지만, 알고 싶어 하는 분들이 무척 많아서 이번에만 특별히 공개하고자 합니다.

쭌사마 식 2단 박스 만들기의 비밀은 바로! 큰 박스 안쪽에 덧댄 작은 나무 조각이랍니다. 하하하하. 알고보니 너무 쉽죠? 높이가 같은 나무 조각을 4개 만들어서 큰 박스의 네 모서리에 덧대주는 거예요. 그 위에 작은 박스를 올리면 이렇게 번듯한 2단 박스가 되는 거지요! 조립 전에 스테인을 바르고 도색까지 해두면 감쪽같이 빈티지 감각의 박스가 완성된답니다.

202p
How to make

버리는 가구에서 서랍 두 개를 살렸다
헌 서랍 재활용해 만든 빈티지 박스

오늘은 진짜 아무것도 하지 말자, 하면서 뒹굴며 지내던 어느 날. 꼼짝도 하기 싫다면서 베란다를 들락거리다가 그만, 창고에서 서랍 두 개를 찾아내고 말았습니다. 서랍을 노려보면서 생각했죠. 아! 오늘도 손이 쉬기는 틀렸구나! 전자레인지 수납대로 사용하던 가구를 버리면서 리폼해서 쓰려고 서랍만 남겨 두었거든요. 예상대로 결국, 팔 걷어붙인 채 작업을 시작했죠. 특별히 모양을 변형시키지는 않았어요. 두꺼운 앞판을 떼어내고, 말 그대로 안쪽의 얇은 판만 남기니 가벼운 박스가 되었습니다. 양쪽 옆면에 타원형으로 구멍을 뚫어 손잡이를 만들어준 뒤 오일 스테인으로 색을 올렸습니다. 스텐실 기법으로 숫자 문양, 화살표 문양을 넣어 완성! 만드는 것이 아니라 칠하는 정도로 표현해도 좋을 것 같습니다. 만약 손잡이를 뚫는 것이 어렵게 느껴진다면 시중에서 판매하는 손잡이를 구입해서 달아주면 되니까 정말 누구나 도전해 보아도 좋을 것 같습니다.

 →

버릴까 말까 고민하다가 나중을 위해 남겨 두었던 서랍 두 개. 두꺼운 앞판 떼어내고, 손잡이용 구멍 뚫고, 오일 스테인으로 색을 올린 뒤 스텐실 기법으로 문양을 넣었다.

204p
How to make

삼나무로 만든, 아무 문양도, 장식도 없는 반제품 미니 서랍 주문! 오일 스테인을 먹여 색을 올리고 앞면에 손잡이를 달아 새롭게 탄생시켰다.

반제품으로 주문해 받은 얌전한 새 식구…
번듯하게 재탄생된 3단 빈티지 서랍

무언가를 만드는 사람으로 살기 시작하면 말 그대로 새 인생이 펼쳐집니다. 만들지 않으면 온몸이 근질거리는 이상한 질병의 소유자가 되는 거예요. 중독이죠. 시시한 것들이 번듯하게 바뀐 모습에 감탄하는 기쁨, 머릿속에 있던 살림을 눈앞의 현실에서 만나게 되는 행복. 이런 것들이 참 좋거든요. 나만의 소품으로 만들겠다는 작정하에 반제품으로 구입한 작은 가구가 하나 있습니다. 미니 서랍이죠. 인테리어 소품점 같은 데 가면 책상 위에 올려두고 쓸 수 있는 앤티크 감각의 미니 서랍을 판매하는데 가격이 만만치 않거든요. 그래서 저는 삼나무 원목으로 딱 서랍 모양만 갖춘 반제품을 구입한 거죠. 가구를 만들 자신이 없는 초보자라면 이런 방법으로 작업을 시작해 보는 것도 좋습니다.
어쨌든 조립이 되어 있는 세 칸 미니 서랍을 구입했더니 공구 하나 꺼내지 않고 바로 페인팅만해서 사용할 수 있어 참 좋네요. 아, 참! 서랍 앞면에 네임 태그가 달린 손잡이를 달기 위해서 딱 한 번, 드릴은 꺼냈네요. 페인트로 색을 좀 입힐까 하다가 그냥 오일 스테인만 발라서 마무리했는데… 예뻐졌죠? 오일 스테인을 입힐 때 테두리 부분은 조금 진하게 마무리하기 위해 몇 번 더 칠해 주었더니 투톤의 귀여운 아이로 다시 태어났네요.

Homemade Furniture
by JJUNSAMA'S IDEA

돈 주고는 살 수도 없으니까 더 귀한…
딱 내 스타일, 가구 만들기

앞장에서는 낡은 살림들을 뜯어서 활용하거나 간단히 색을 입혀 변화를 주는 등의 리폼 살림을 소개했어요. 이제부터는 본격적인 가구 만들기 이야기를 할 차례입니다. 실은 저 역시도 이 책에 소개한 것처럼 리폼부터 시작했어요. 망쳐도 되고, 어렵지도 않아서 도전하기가 쉬웠거든요. 그러다 보니 점점 나만의 색깔을 가진 가구를 만들고 싶은 욕심이 생겼어요. 물론 저는 가구 만들기를 제대로 배운 적이 없어서 제가 만든 가구들은 전문가들이 만든 것처럼 완벽하지는 않습니다. 하지만 우리 세 식구를 위한 가구로는 손색이 없어요. 그래서 쑥스럽지만 이렇게 꺼내놓습니다. 여러분들의 집에서도 제가 만든 이 소소한 가구들이 멋지게 빛나기를 바라면서요.

205p
How to make

처음 시작하는 엄마들을 위하여…
장식 없이 담백한 심플 선반장

쉬운 가구부터 시작해 보겠습니다. 디자인이나 색감이 예쁜 가구부터 앞장 세워야 시선을 단숨에 사로잡을 수 있겠지만… '이걸 어떻게 만든다는 거야?' 하고 책을 확 덮어버릴 독자가 생길지도 모르니까요. 그러니까 한 걸음씩, 한 계단씩 차근차근 밟아 올라가기로 하겠습니다. 사실 이 선반장은 시중에 너무도 많아서 굳이 만들어서까지 써야 할 이유는 없는 아이입니다. 하지만 딱 우리 집 벽면에 맞는 사이즈가 없다거나 혹은 가구 만들기의 워밍업을 하기 위한 용도로 아주 적합합니다. 만들기는 뒤쪽 페이지에서 따로 소개하겠습니다만 별다른 기교 없이 재단된 나무판들을 이어 나사못으로 박아주기만 하면 되니까 초보자들이 도전해 보기에 안성맞춤이죠. 색을 입히지 않고 원목 느낌 그대로의 내추럴한 분위기를 즐기다가 때가 타거나, 싫증이 나면 몇 번이고 다시 색을 칠해서 새로운 분위기를 낼 수 있어 참 좋아요. 이래서 사람도 가구도 기본에 충실해야 하는 거니까요.

작은 사이즈의 이 선반장은 벽에 걸어두기 위한 용도로 만든 것이라서 뒤판에 고리를 달았다. 하지만 책상 위나 식탁 위에 얹어 놓고 쓸 수 있어서 더욱 실용적! 선반장 옆에 붙어 있는 스위치는 내 머릿속의 아이디어가 탄생시킨 시시한 장식.

데리고 다니면서 쓸 수 있는 거 없나?
바퀴 달아 주가를 높인 수납장

가구 만들기의 기본이라고 할 수 있는 선반장 만들기를 계속해 볼까 합니다. 이름은 같은 선반장이지만 살짝살짝 디자인에 변화를 준 아이들이니 눈여겨보시면서 만들면 좋겠어요. 이 선반장은 처음에는 가운데 칸을 지르지 않고 커다란 박스 형태로 만들었는데 사용하다 보니 아무래도 수납 효과가 떨어지더군요. 그래서 며칠을 버티다가 결국 중간에 칸을 하나 질러서 보완한 아이템입니다. 가구 전면에 예쁜 손잡이를 달고, 실용성을 높이기 위해 바퀴까지 달아 놓았더니 옮겨 다니면서 사용하기에 아주 적합한 물건이 되었답니다.

206p
How to make

바닥의 4면에 작은 바퀴를 달아서 이동이 편리하게 만들었더니 소파 옆에, 침대 옆에, 식탁 옆에… 어디든 원하는 대로 데리고 다닐 수 있어서 더할 나위 없이 편리한 가구가 되었다. 가구 모서리 부분에 스텐실로 글자 문양을 넣어주었다.

앉으나 서나 당신 생각? 누구 생각?
세워도 눕혀도 좋은 가로세로 수납장

저는 이렇게 칸칸이 좁은 칸이 있는 가구가 좋아요. 왠지, 간격이 좁을수록 세련미가 넘치는 것 같거든요. 이번에도 가구의 간격을 좀 더 좁게 하고 싶었는데, 가운데 들어가는 패널이 부족해서 모양이 이렇게 어정쩡하게 완성되었네요. 그래도 나쁘지는 않죠? 어때요? 심플한 디자인이라 어느 곳에든 무난하게 어울리겠죠? 세워도 되고, 눕혀도 되고, 그리고 벽에 걸어서 선반처럼 써도 좋아요. 모양은 정말 지극히 평범한 아이입니다. 튀는 구석도 없고, 색도 무난하고, 장식도 하나 없고… 그런데도 자꾸 이렇게 엇비슷한 가구를 만들게 되는 것은 아무래도 선반이 많을수록 수납이 용이하다는 생각 때문입니다. 이런 가구들을 여러 개 만들어 두면 보다 체계적인 수납이 필요한 순간에 요긴하게 쓸 수 있거든요. 게다가 이렇게 깔끔한 사각 디자인의 선반장은 세워 놓고 쓸 수도 있고, 눕혀서 가로 선반장으로 쓸 수도 있으니 더욱 깜찍합니다. 책상 옆이든, 거실 소파 옆이든 무난하게 세워 놓고 쓰다가 혹 테이블 위에 올리고 싶거나, 벽에 걸어보고 싶거나 할 때는 또 길게 눕혀 볼 수도 있으니 만고강산 유람할 제~ 하면서 룰루랄라하는 거죠. 가구 하나를 만들어 놓고 나면 그것이 크든 작든, 그 하나로 인해 우리 집의 작은 코너에 변화를 줄 수 있다는 것도 기쁜 일입니다. 그렇게 소소하게 집 안을 바꿔 나가는 즐거움은 말로 다 설명할 수 없이 크거든요. 선반장 하나 만들어서 책상 옆에 가만히 세워 놓고는 철제 의자 위에 하얀 레이스 매트 하나 살짝 덮어두니 카페 같은 기분이 듭니다. 아! 우리 집 예뻐졌다! 저는 또 입가에 함박웃음을 달고 그 하루를 살았다지요.

처음에는 그저 세워 두고 사용하는 용도로 생각하고 만들었는데, 책상 위에 올려 보니 또 그대로 새로운 멋이 느껴진다. 책상 위에 올라가면 책꽂이가 되니까… 참 깜찍한 녀석이로세! 책상 위에 새 가구 하나 올려놓고는 또 신이 나서 콧노래를 부르면서 세팅 중이다. 가구에 어울릴 만한 소품들을 찾아 온 집 안을 뒤적거리다가 철제 바구니, 엽서, 영자신문… 참 수수한 아이들을 데려다가 한데 짝지어 주었다. 있어 보인다, 괜히! 그래서 나도 괜히 기분이 좋아졌다.

How to make

가구 안쪽에 꽃무늬 옷도 입혀 주었다지!
봄을 닮은 노란 수납 선반장

저에게는 소중한 여고 동창생들이 있어요. 20년이라는 세월을 함께 견디고, 함께 늙어가며 그 시간 속에서 너 나 할 것 없이 같은 일을 겪었던 친구들. 이 수납장은 그중 김 여사에게 바치는 선물입니다. 겉보기에는 천생 여자이고 소녀 같은데, 입만 열면 부산 자갈치 아지매처럼 구수한 사투리에 유쾌한 이야기를 즐겨 하는 그녀. 그녀에게 1년 내내 따뜻한 봄을 선물하는 마음으로, 이 수납장을 만들어 보았어요. 이름은 선반장이지만 앞에서 만들었던 것과는 또 살짝 다른 디테일이 보이시죠? 큼지막하게 칸을 지르고, 상단에 턱을 만들어서 무언가를 올려두고 장식하기 좋게 만들었죠. 게다가 이 가구의 하이라이트는 안쪽 면에 덧댄 꽃무늬 원단이에요. 문짝도 없으니 딱히 멋스러운 디자인이랄 게 없는 가구잖아요. 그래서 옷을 해 입힌 거죠. 가구를 만들 때, 특히 여자가 만든 가구에는 이렇게 섬세한 디테일이 가미될 수 있어서 더 좋은 것 같습니다. 가구를 놓을 공간에 맞춰서 원단의 색깔이나 무늬만 바꿔주면 또 완전히 새로운 느낌의 가구로 변신하니까 말 그대로 일석이조의 아이템입니다. 안쪽의 붉은 계통 원단과 부드러운 연노랑 컬러가 만나서 참 산뜻한 느낌을 주지 않나요?

210p
How to make

문짝이 없는 오픈 형태의 가구는 만들기도 쉽고, 쓰기에도 편리하지만 안쪽에 수납한 물건이 다 드러난다는 약간의 단점이 있다. 그럴 때, 그 아쉬움을 해결하는 좋은 방법 하나! 집 안 분위기에 맞는 가리개를 달아주는 것. 거는 방법? 압정으로 딱 찔러주면 끝!

Memories Of Old Vintage

해묵은 다락방에서 건져온 듯…
고즈넉한 가구 그리고 풍경

"손때 묻은 걸 좋아하는 취향은 언제부터 시작된 걸까?" 가끔, 내가 만든 가구들을 돌아보다가 스스로에게 묻습니다. 이상하리만큼 낡은 느낌들뿐이니까요. 남들은 헌것이 싫어서 매끈한 새 가구를 보러 다니는데… 나는 왜 이렇게 낡은 느낌에 집착하는 건지, 그 이유는 잘 모르겠어요. 어쩌다 보니 저는 정말 무작정 빈티지 애호가가 되었거든요. 어쩌면 이렇게 열심히 가구를 만드는 것도 제 마음에 차는 빈티지 가구들을 구입하기 어렵다는 이유 때문인지도 모르겠습니다. 오리지널 빈티지 가구란 때로 집한 채 값을 호가하는 것도 있으니 엄두가 나지 않고, 시중에서 디자인만 차용한 빈티지 가구조차도 그 값이 만만치 않고, 그렇다고 헐값에 살 수 있는 것들은 살짝 조악한 느낌이고…. 그러니 직접 만들어 보겠다고 나설 수밖에요. 그렇게 하나둘, 내 손으로 완성해 가는 빈티지풍의 가구들이 집 안 곳곳에 자리 잡은 풍경을 보는 게 좋습니다. 마치 다락방 하나를 가진 것 같은 느낌이니까요. 스물 몇 평의 비좁은 아파트. 그저 식탁 하나 놓여 있는 작은 공간의 벽을 좀 빌렸을 뿐인데 이렇게 정다운 분위기를 만들 수 있게 되었으니 뿌듯한 거죠.

다락방의 창문을 열 듯, 드르륵 미닫이문이 있는 벽걸이 수납장과 앤티크한 느낌의 갓이 있는 전등, 보기 싫은 인터폰을 가려주기 위해 만들어 놓은 짙은 갈색의 케이스. 세 아이가 마치 형제인 듯 어우러진 풍경 아래서 저는 또 이렇게 마냥 행복한 미소를 짓고 있는 중이랍니다.

212p
How to make

잡아당겨서 연다고? 아니 아니, 밀어서!
미닫이문이 있는 벽걸이 수납장

어느 시골집 같기도 하고, 어릴 적 낡은 다락방 같기도 한 이 느낌. 때로는 아늑하고, 때로는 편안하고, 또 때로는 고즈넉하게 느껴지는 작은 코너. 이런 분위기를 만들기에는 고재가 제격이지만, 고재가 없다면 디자인과 페인팅으로도 얼마든지 분위기를 낼 수 있답니다. 지금 소개하는 부드러운 크림색 미닫이 수납장은 문짝 스타일과 손잡이만으로도 빈티지한 느낌을 한껏 살릴 수 있었던 물건이죠. 유리로 된 미닫이 장을 언젠가 꼭 하나 만들고 싶었지만, 유리가 없어서 대신 이렇게 미닫이문을 차용했어요. 얼마 전, 친정에서 가져온 낡은 손잡이를 이용했더니 가구의 완성도가 훨씬 높아진 것 같아서 더 만족스러운 아이템이랍니다.

209p
How to make

벽에다 사무용 캐비닛을 달아 놓았나?
나무로 만든 철제 느낌 수납장

가구 만들기라지만 쭉 넘겨보시니 별거 없죠? 다 고만고만한 아이들이라 한두 개 만들고 나면 얼마든지 뚝딱뚝딱 만들 수 있을 것 같지 않나요?
이번에는 가장 만들기 쉬운 사각 상자 느낌의 수납장입니다. 칸칸 네모 수납장에 칸마다 문을 하나씩 달아서 만들어 봤어요. 진한 카키그린 컬러를 칠하고 나니 살짝 철제 사물함 느낌도 드는 것 같습니다. 덕분에 집에 놀러 오신 분들이 사무 가구도 만드냐고 물어보시네요. 이 가구는 군데군데 칠을 벗겨서 빈티지한 느낌을 강조한 것이 특징입니다. 손잡이도 그 옛날, 자물쇠를 걸어두던 용도로 사용한 철물을 부착했는데 이것 역시 일부러 한껏 녹슬게 부식시켜 해묵은 느낌을 강조했답니다.

이번에는 무늬만 고재가 아니라 오리지널!
진짜 고재로 만든 유리문 수납장

제대로 된 고재를 사용하기 전에는 인위적으로 빈티지 감각을 나타내기 위해서 멀쩡한 가구에 흠집을 내곤 했습니다. 깨끗하게 페인팅을 끝낸 후에 그 깔끔한 가구 위에다 스크래치를 더하는 거죠. 사람 손이 닿고, 세월이 스며들어서 자연스러운 흠집이 생긴, 그런 느낌을 만들고자 했던 거예요. 그런데 제 앞에도 드디어 진짜 고재가 나타났어요! 따로 색을 입히지 않아도, 오일 스테인으로 색을 올리지 않아도, 자연 그대로의 텁텁한 색깔과 세월의 흔적들이 고스란히 스며 있는 귀한 소재였습니다. 저는 고재를 만나자 마자 황홀경에 빠져서 눈물을 흘릴 뻔했다니까요. 그렇게 귀하게 만난 고재를 활용해서 기분 좋은 가구 하나 만들었습니다. 빈티지 인테리어 책에서 눈여겨보았던 채소장 모양의 서랍장을 하나 완성했어요. 크기가 작달막한 터라, 책상 위나 식탁 위에 올려두고 작은 살림들 수납하기에 참 좋은 물건입니다. 칸칸이 세로로 선반을 지르고, 유리문 달고, 다소 촌스러운 듯 무게감이 느껴지는 골드 손잡이를 달아주었더니 제대로 레트로 감각이 나는 것 같아요.

214p
How to make

손잡이의 위치를 보고 눈치채셨을 테지만 이 가구는 문이 위로 열린다. 가로로 긴 형태이다 보니 들어 올리는 스타일이 안성맞춤. 위쪽에 경첩을 달아 완성했는데 고재의 느낌을 강조하기 위해 경첩도 한껏 부식시켜 나무의 나이와 비슷해 보여서 더 멋스러운 것 같다.

216p
How to make

할머니 살림들이 나올 것 같다, 추억의 레트로 미닫이 장

벽에 걸어 놓으니 겨우 한주먹거리나 될까 싶은 요 조그만 녀석! 그런데 사실은 서랍 넣고, 미닫이문 만드느라 제법 품이 많이 들어갔던 작품이에요. 위쪽의 미닫이 문짝에는 손잡이를 다는 대신 동그란 구멍을 내서 모양을 냈고, 아래쪽에는 서랍을 만들어 끼워 넣고는 짙은 구리 색 손잡이를 달아서 안정감을 살렸죠. 세워 두고 쓰기에는 크기가 작으니 테이블 위에나 올라갈 정도? 그래서 뒤판에 고리를 달아서 벽에 걸어 쓸 수 있도록 만들었답니다. 아, 그리고 보니 오래전 할머니 집의 부엌에 놓였던 그릇장을 살짝 닮은 듯도 하고, 다락방 어딘가에 박혀 있었음 직한 구식 가구 같아 보이기도 하네요. 미닫이문을 열면 할머니의 반짇고리나 돋보기 같은 게 튀어나올 것만 같은 운치도 느껴지지 않나요?

218p
How to make

서류 보관하기에 딱! 고즈넉한 감각의 짙은 컬러 수납장

컴퓨터 책상 벽에 걸어두려고 만든 선반이에요. 일반 삼나무를 이용해 만든 거라서 앤티크한 느낌을 살리기 위해 오일 스테인을 열심히 발라주었어요. 세월의 느낌이 있는 고재만은 못하지만, 그래도 언뜻 보면 빈티지한 감각이 그대로 살아 있는 것처럼 느껴지죠? 세로 선반이 줄지어 서 있으니 서류 파일들 착착 꽂아두기에는 안성맞춤이랍니다.

맨 왼쪽은 폭이 좁은 세로 선반을 칸칸이 만들어 서류 파일들을 꽂아 두기 좋게 했다. 가운데 한 칸은 오픈 형태로, 맨 오른쪽은 작은 서랍 2개를 달아서 작지만 쓰임새 높은 가구로 만들었다.

220p
How to make

설마 나무는 아니겠지? 웬걸, 나무지! 캐비닛을 제대로 닮은 수납장

철제 느낌이 나는 캐비닛을 꼭 하나 가지고 싶었어요. 집이 좁아서 둘 곳이 없었지만, 그래도 꼭 하나는 들이고 싶었죠. 하지만 끝내 마음에 드는 제품은 사지 못했어요. 대신 비슷한 느낌으로, 작은 사이즈 캐비닛을 만들어 보았어요. 어설프지만 낡은 캐비닛. 빈티지한 느낌을 표현하기에는 아직 서툰 솜씨지만, 노력해서 만든 저만의 작품이랍니다. 위쪽에 직사각으로 구멍 내고, 가운데 자물쇠통 끼울 수 있는 고리를 손잡이 대신 달고, 하단에는 네임 태그까지 척 붙여 놓으니… 만져 보기 전에는 누구나 다 한 번씩 속아 넘어가는 그런 가구가 되었다니까요. 칠이 쉬 벗겨지는 철제 캐비닛의 느낌을 더하기 위해 군데군데 칠을 벗겨낸 것도 칭찬 받을 만하죠?

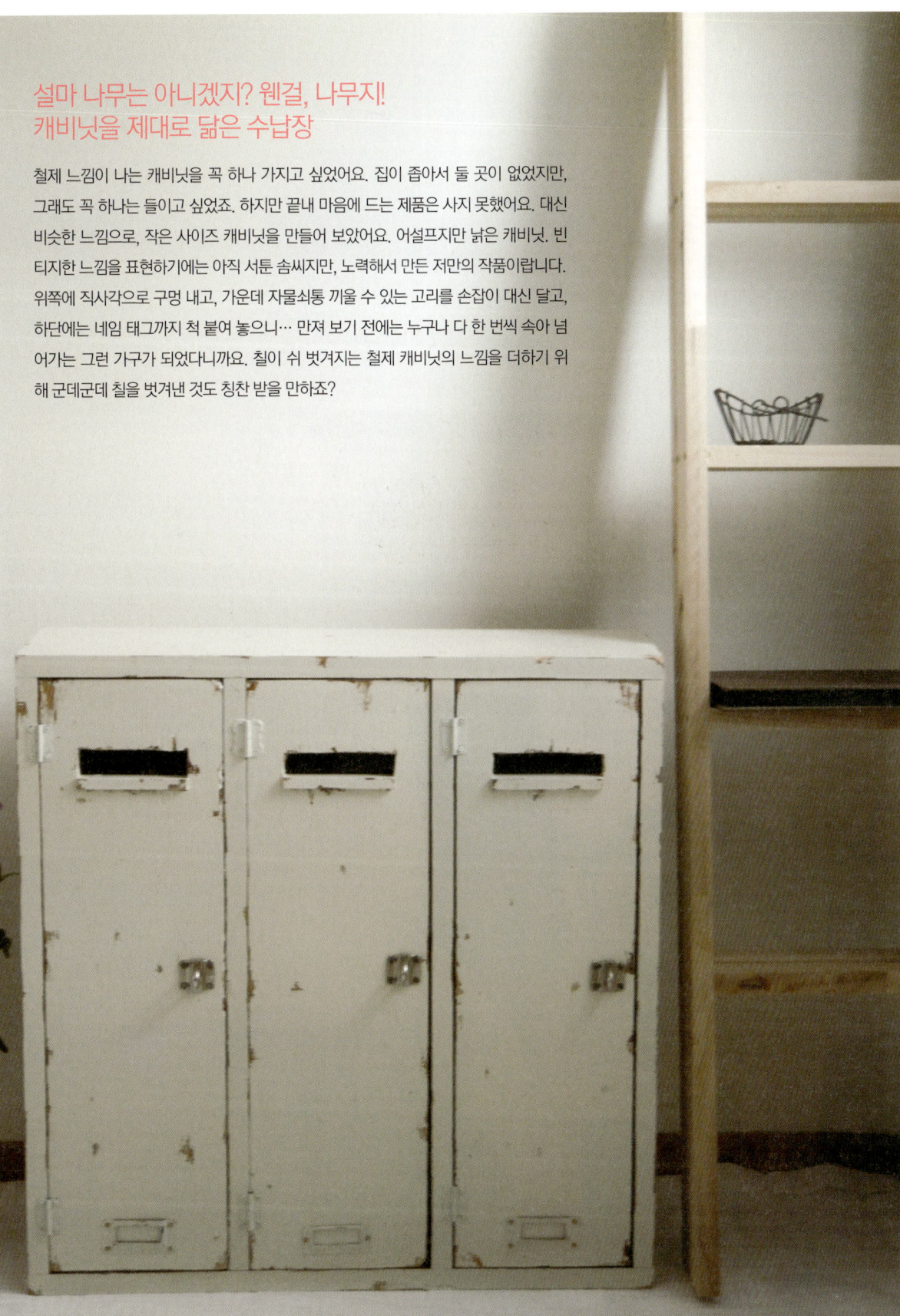

문짝도 달리고, 다리도 달리고, 서랍도 있네!

어? 귀여운 창구멍이 뚫려 있는 키다리 장이네!

아이 살림 담기에 딱 좋다!
공간 박스로 만든 수납장

아이 방에 작은 변화를 주고 싶었던 시절에 만든 작품입니다. 당시 아이 방에는 MDF로 만든 장난감 수납장이 그득했었죠. 그게 너무 지겨워서 큰 맘 먹고 삼나무 수납장을 하나 만들었어요. 물론 혁준이가 아직 어려서 장난감 수납 용도로만 사용하고 있지만, 아이가 좀 더 크면 이것저것 다른 용도로도 쓸 수 있을 것 같아요. 경첩을 밖으로 보이게 달아서 고풍스러운 효과를 냈는데 키가 큰 가구이니만큼 경첩도 큼지막한 것을 달았구요. 손잡이도 살짝 앤티크한 느낌의 커다란 철제로 달았더니 전체적으로 내추럴하면서도 올드한 느낌이 살아나는 것 같습니다.

문을 열면 안쪽은 선반을 질러서 다용도로 사용할 수 있게 했다. 나중에 아이 옷장으로 쓸 시점이 되면 선반을 빼고 봉을 달아서 옷을 걸어둘 수 있게 바꿔줄 참이다. 아래쪽에는 서랍을 달았다? 서랍은 서랍인데 살짝 스타일이 다른 서랍이다. 왜냐? 그 해답은 다음 사진에! 서랍이라고 생각되는 것의 손잡이를 잡아당기면 문이 앞으로 열린다는 사실을 깨닫게 될 것이다.

222p
How to make

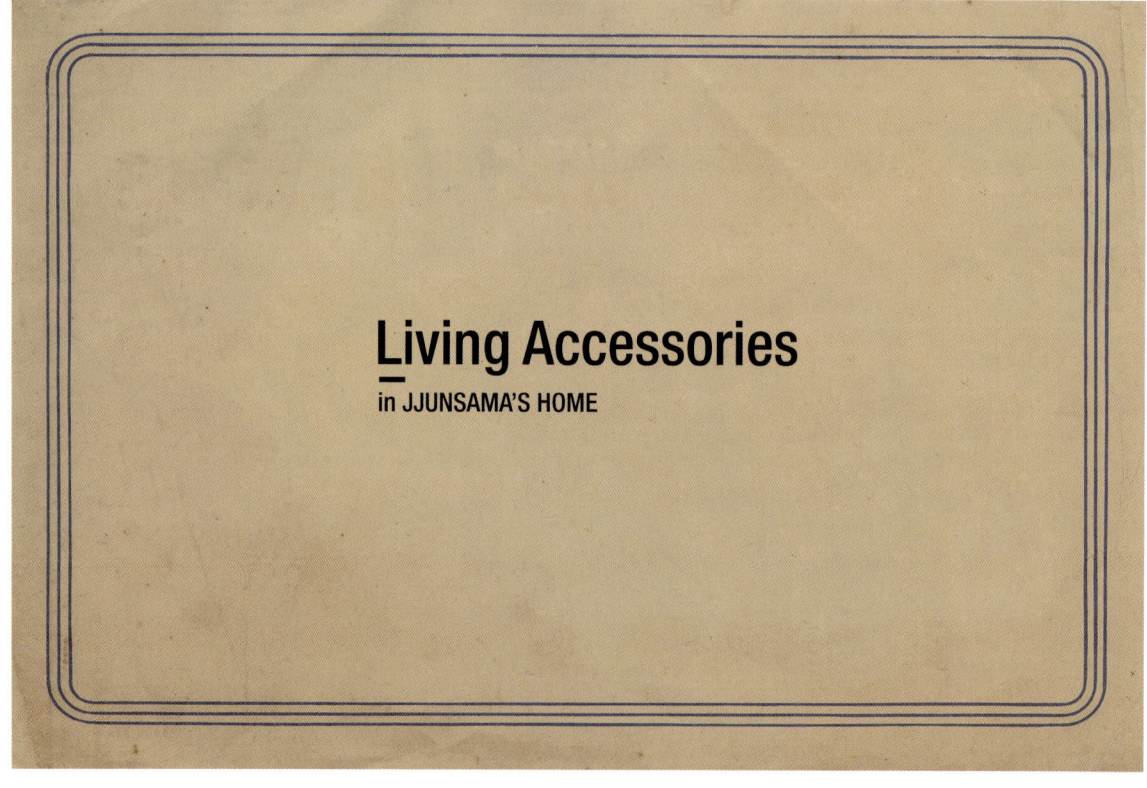

볼수록 자꾸만 빠져드는 이상한 마력이 있다
오리지널도 울고 가는 빈티지 소품 만들기

쭌사마는 가구 만드는 엄마라고요? 그러니까 가구만 만든다고요? 가구 만드는 엄마이기는 하지만 가구보다는 소품 만들기를 더 좋아하는 엄마이기도 하답니다. 사실, 저는 요즘 빈티지 스타일의 소품을 만드는 재미에 푹 빠져 있기도 해요.

자꾸자꾸 가구를 만들다 보니, 내가 만든 가구로 집 안을 장식하다 보니, 각각의 가구 위를 장식할 수 있는 작은 소품이 필요한 거예요. 그것들을 일일이 사자면 돈이 얼만데? 싶어서 NO!

그러니 틈날 때마다 혼자서 꼼지락꼼지락 소품을 만들기 시작한 거죠. 만들다 보니 가구보다 훨씬 더 창의적으로 모양을 낼 수 있는 것도 참 좋구요. 황학동 시장에 가서 사더라도 몇 만원은 써야 할 것 같은 빈티지 감각의 소품들을 내 손이 탄생시켰다는 보람도 있어 즐겁습니다. 자, 그럼 지금부터 가장 손쉽게 만들 수 있는 저만의 방법을 살짝 알려드리고 가실게~요. 느낌, 아니까~.

어떤 색의 소품도 산뜻하게 안아주지!
개나리를 닮은 노란 선반

앞쪽 페이지에서 선반장 구경 숱하게 하셨잖아요. 그런 선반장에 비하면 만들기가 한결 수월한 선반 되시겠습니다. 우리 집 부엌 싱크대와 같은 노란색을 입혀서 세트처럼 만든 살림이랍니다.

그런데 사실 이 선반은 저의 꾀가 하늘을 찌를 듯했던 시점에 만들어진 거라서… 본체는 그냥 반제품으로 뚝딱 주문해서 받고, 열심히 색만 올려 완성한 아이입니다. 선반을 하나 갖고 싶은데 나무 잘라서 만들기는 귀찮고 하여 머리를 쓴 거죠. 반제품은 그리 비싸지 않거든요. 게다가 이렇게 작은 크기의 선반이라면 더더욱!

대신 컬러를 넣을 때 최선을 다했습니다. 커터 칼로 군데군데 페인트를 벗겨낼 때도 평소보다 더 열심히! 그랬더니, 완성된 모습이 조금 과한가 싶기도 하네요. 그래도 저는 좋습니다. 좀 더 오래된 빈티지 제품이라 생각하죠, 어때요? 칠이 벗겨진 레트로 감각이랑 딱 어울려서 썩 괜찮아 보이지 않나요?

선반 아래쪽에 무언가를 걸 수 있는 장치가 있으면 쓰임이 더 높아진다. 고리 대신 굵은 나무 걸이를 박아두었는데 오히려 더 정감 있는 모습.

228p
How to make

나무판 자르고, 흰색 칠하고, 훅 달고…
소프트 앤티크 감각 화이트 옷걸이

눈 감고도 만들 수 있을 만큼 무척 간단하게 완성된 소품이지만, 그 쓰임새는 상당히 높은 아이입니다. 허전한 벽에 데코 역할을 톡톡히 해낼 수 있는 아이템이거든요. 고재 느낌으로 오일 스테인을 칠해 두었던 나무를 재활용해서 만들었는데 그래서인지 기분이 더 좋네요. 나무색이 짙은 편이어서 화이트 페인트를 여러 번 발라주었어요. 나중에 싫증이 날 때는 사포로 박박 밀어서 화이트 색을 벗겨낼 생각인데 그러면 안쪽에 숨어 있던 갈색이 올라오면서 더욱 깊은 분위기를 살릴 수 있을 것 같아 기대가 된답니다.

229p
How to make

나무판 자르고, 갈색 칠하고, 훅 달고…
올드 빈티지 감각 브라운 옷걸이

옆쪽에 있는 화이트 제품과 크게 달라 보이지는 않죠? 역시 만들기는 누워서 떡 먹기인 제품입니다. 어느 날, 잔뜩 부식된 고리를 발견했거든요. 보자 마자 괜스레 마음이 설레더라고요. 그래서 얼른 집어 들고 와서는 있는 나무 조각 가져다 간단한 빈티지 옷걸이 하나 만들었어요. 옷 대신, 작은 자수 소품이나 액세서리 등을 걸어두어도 또 그대로 빛이 나네요. 같은 컬러의 가구와 한 공간에 두어 마치 세트 같은 느낌을 살려 봐도 좋아요. 훅이 3개뿐이라 부족한 공간에는 못을 박아 대체하고, 그 위에 네임 태그를 부착했더니 오히려 더 다채로운 느낌이 나는 것 같네요.

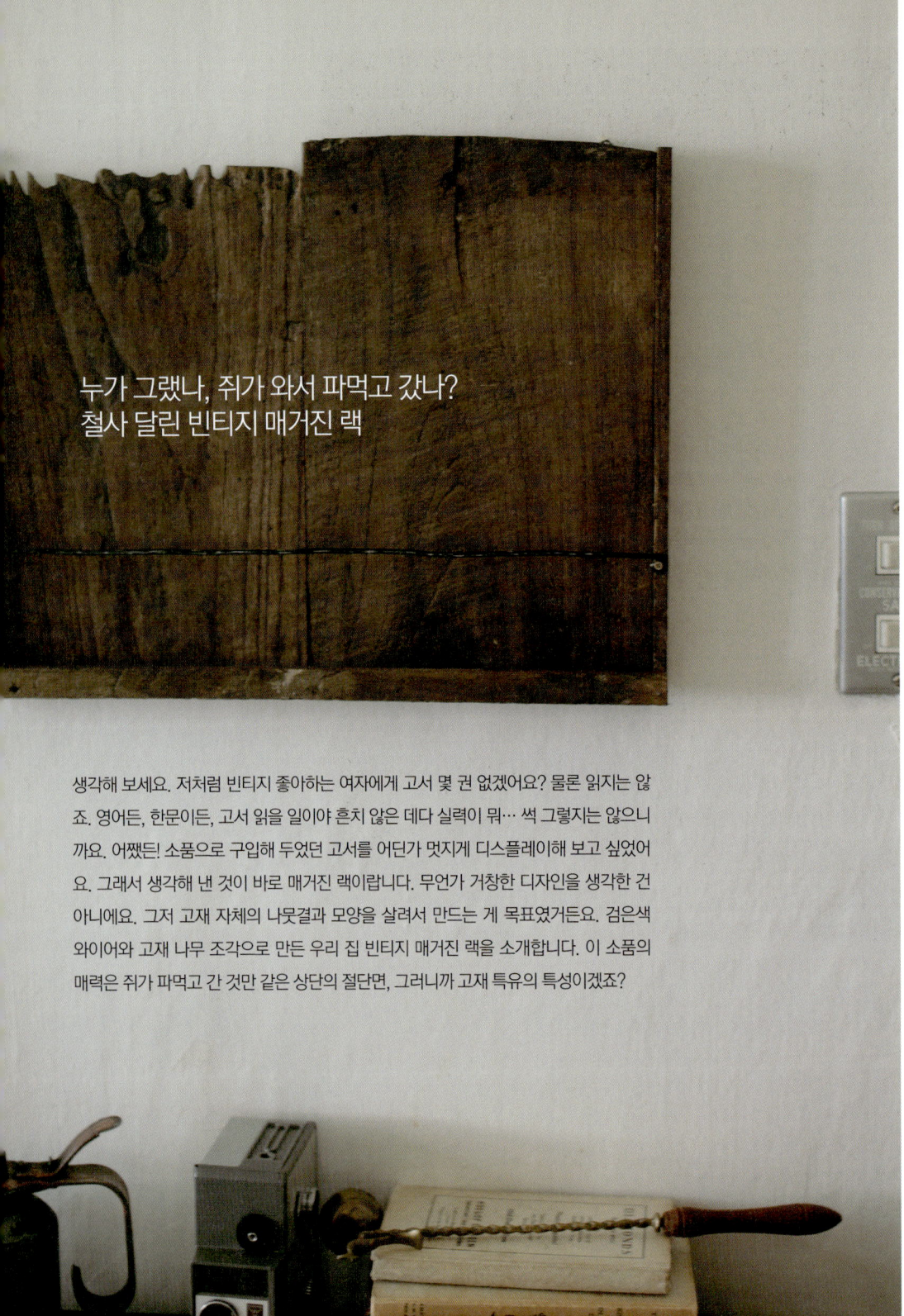

누가 그랬나, 쥐가 와서 파먹고 갔나?
철사 달린 빈티지 매거진 랙

생각해 보세요. 저처럼 빈티지 좋아하는 여자에게 고서 몇 권 없겠어요? 물론 읽지는 않죠. 영어든, 한문이든, 고서 읽을 일이야 흔치 않은 데다 실력이 뭐… 썩 그렇지는 않으니까요. 어쨌든! 소품으로 구입해 두었던 고서를 어딘가 멋지게 디스플레이해 보고 싶었어요. 그래서 생각해 낸 것이 바로 매거진 랙이랍니다. 무언가 거창한 디자인을 생각한 건 아니에요. 그저 고재 자체의 나뭇결과 모양을 살려서 만드는 게 목표였거든요. 검은색 와이어와 고재 나무 조각으로 만든 우리 집 빈티지 매거진 랙을 소개합니다. 이 소품의 매력은 쥐가 파먹고 간 것만 같은 상단의 절단면, 그러니까 고재 특유의 특성이겠죠?

230p
How to make

231p
How to make

우편배달부 아저씨 벨을 울리네! 화이트 빈티지 우편함

요즘은 정말 예쁜 인테리어 소품들이 많아졌어요. 인테리어 소품점에 나가면 발길을 붙잡는 물건들 때문에 눈이 휘둥그레지잖아요. 온라인 쇼핑몰은 또 어떤가요? 해외에서 갓 들여온 물건도 가득하고, 우리 디자인으로 세계를 공략하는 제품도 부지기수! 그런데 사실 몇 해 전까지만 해도 외국 인테리어 서적 같은 걸 보면서 그림의 떡인 듯 입 벌리고 구경만 하던 물건들이 참 많았어요. 그중 한 가지 아이템이 바로 우편함이죠. 특히 현관 벽면에 걸려 있던 빈티지 우편함들을 보면서 저 사람들은 저런 걸 다 어디서 사나, 직접 만드는 건가… 했었다니까요. 바로 그렇게 눈 안에, 마음 안에 담아 두고 벼르던 아이템 하나! 빈티지 우편함을 만들었습니다. 나무판자에 박스 형태의 선반을 부착하고, 하얗게 칠해서 잘 말린 뒤에 희끗희끗 벗겨내어 멋을 더한 제품입니다. 네임 태그 달고, 훅 대신 못을 박아 걸이로도 쓸 수 있게 만들었더니 작은 게 의외로 요긴한 쓰임새를 발휘합니다. 물론 디자인도 싫증나지 않는 기본 스타일이라 오래오래 함께 살 수 있을 것 같아요.

액자야, 아님 쟁반이야? 트레이 스타일 매거진 랙

이번에는 나무 쟁반을 꼭 닮은 아주 베이식한 느낌의 매거진 랙을 들고 나왔습니다. 여기에서 힌트를 얻으셔도 좋겠는데요. 만약 상자 느낌의 랙을 만들기가 부담스럽다면 나무 상자 모양의 트레이를 활용하셔도 좋겠어요. 그것도 아니면 선물 상자 중에서 나무 소재로 된 상자 뚜껑을 가지고 리폼하는 것도 좋은 방법입니다. 제 경우에는 처음부터 끝까지 다 만들었지만요. 언뜻 보기에는 고재처럼 보이지만 그저 평범한 원목입니다. 다만 옥스퍼드 브라운 컬러의 우드 스테인을 덧입혀가면서 색을 올리고, 앞쪽에 얇은 봉을 달아서 잡지를 세워 둘 수 있게 만들었을 뿐이랍니다. 매끈한 철제 봉을 그대로 사용하지 않고, 거칠게 부식시켜서 부착한 것이 앤티크의 느낌을 살리는 데 큰 몫을 한 것 같아요.

232p
How to make

오래된 소품 같은 느낌을 살리고 싶어서 봉을 녹슬게 부식시켜서 달아준 것이 효과적인 아이디어로 작용했다.

옷걸이 몸체 만들고, 색 입히고, 스텐실 문양까지 넣어 완성한 뒤 위쪽에 구멍을 뚫고 세탁소 옷걸이에서 잘라낸 철사 고리를 끼워 완성했다.

233p
How to make

옷 걸기 아까워서 벽 장식으로 활용한다네, 체인 달린 빈티지 옷걸이

"뭐 이렇게 꼭 옷걸이까지 만들어야 하는 거야?" 하면서 야단을 치시는 독자가 계실지도 모르겠네요. 하긴 제 생각도 그 생각이에요. 옷걸이야 옷장 속에 넣는 거니까 그냥 쓰면 되지 뭘 이렇게…. 그런데요. 정작 이렇게 예쁜 옷걸이를 만들고 보니까 얼마나 마음에 쏙 드는지 옷걸이가 아니라 곧바로 벽 장식 소품이 되더라고요. 이를테면 단숨에 신분 상승을 하게 되는 거죠. 그렇다면 만들어볼 만하지 않나요? 액자 하나만 사려고 해도 값이 얼만데요. 사실 이 제품은 직소기 사용이 서툴렀던 시절에 잘라두었던 나무로 만든 것입니다. 비뚤비뚤, 모양이 어설픈 게 처음에는 영 마음에 들지 않아서 쓰지 않고 모셔두었는데, 옷걸이로 만들고 보니 오히려 그게 더 매력적이라고 느껴집니다. 옷걸이 하단에 졸졸 체인을 걸고, 봉 하나씩 짝지어 주었더니 1백 년 묵은 물건으로 보이지 않나요? 두 가지 옷걸이의 색을 달리했지만 군데군데 칠을 벗겨 낡은 느낌을 내는 것은 공통으로! 여기에 스텐실 기법으로 작은 문양을 넣어주었더니 보기 좋게 완성되었습니다. 여기서 또 하나 팁! 만약 직소기도 없고, 옷걸이 하나 만들겠다고 직소기를 사고 싶지도 않은데 이 아이는 탐이 나신다면 시중에서 구할 수 있는 나무 옷걸이로 대신해도 좋습니다. 옷걸이 아래쪽으로 체인과 나무 봉만 달면 엇비슷한 느낌을 낼 수 있을 테니까요.

사각 나무틀에 주렁주렁 열매 달리다!
우드 프레임 클립 행어

마트 같은 곳에 가면 어렵지 않게 볼 수 있는 간이 빨래 건조대가 있죠. 주로 자취생들이나 혼자 사는 젊은이들의 집에서 쓰일 법하게 생긴 것들 말이에요. 왜 있잖아요. 조금만 무거운 빨래를 걸어도 금방 부러질 것 같은 자태의 그 한없이 연약한 모양! 아세요? 모르신다고요? 흠…. 여하튼 저는요. 그 아이들을 볼 때마다 나도 한 번 만들어봐야겠다, 했습니다. 물론 빨래를 걸 목적은 아니죠. 내가 좋아하는 예쁜 아이들 조롱조롱 걸어 놓고 장식할 용도로 말이에요. 클립으로 엽서나 사진, 예쁜 원단 같은 것들 꼭꼭 집어 걸어두면 멋질 것 같다는 생각이 들었거든요. 그렇게 머릿속에서 생각으로만 빙빙 돌던 아이디어를 드디어 실천으로 옮겼습니다. 쓰고 남은 자투리 목재를 얄팍하게 잘라서 상자 프레임처럼 사각으로 만든 뒤에 체인에 클립을 부착해서 완성했어요. 밋밋한 천장에 행어를 달고, 제가 좋아하는 소품을 무심한 듯 걸어두었더니 역시나 그림 나옵니다. 부엌에 두어도 좋고, 거실 한 귀퉁이에 놓아도 잘 어울리거든요.

234p
How to make

색도 바꾸고, 바닥 판도 은근 감각적으로!
새 옷 갈아입은 낚시 의자

캠핑 좋아하고 낚시 좋아하는 남편이 있는 집이라면 어~디에나 이런 의자가 한두 개씩은 있게 마련이지요. 이상하게 남자들은 진짜 이런 디테일을 좋아한다니까요. 어쨌든 저희 집에도 있는 접이식 낚시 의자! 사실은 부피가 작고, 아무 데나 펼쳐 놓고 앉기 좋아서 저도 열심히 사용하는 아이 중 하나랍니다. 그렇게 온 식구가 들고 다니면서 쓰다 보니 의자는 당연히 손때가 꼬질꼬질! 아이 얼굴 씻기듯이 새롭게 리폼해 주고 싶은 마음이 굴뚝같아졌습니다. 하여, 전체적으로 새롭게 페인트칠을 한 뒤 엉덩이가 닿는 부분의 천 위에 커트지와 종이 원단을 덧대어 아메리칸 빈티지 같은 느낌으로 만들어 보았습니다. 바닥판 전체를 새 원단으로 갈아볼 수도 있겠지만 워낙 짱짱한 천이 붙어 있기 때문에 아까웠죠. 게다가 자칫 약한 원단으로 교체했다가는 혹시라도 안전의 문제가 생길 수도 있으니… 있는 것을 그대로 살린 채 원하는 원단을 그 위에 덧대주는 것으로 결정한 셈입니다. 하기는 안전 문제라고 해봤자 엉덩방아 정도에 불과하겠지만! 등받이가 없는 접이식 의자나 스툴은 아주 간단하게 리폼할 수 있으니 한번쯤 도전해 보셔도 좋겠습니다.

235p
How to make

237p
How to make

혹시 내일이나 모레쯤 카페 차릴 건가?
아메리칸 스타일 빈티지 사인 보드

제가 만든 소품들 중에서 "나 주면 안 돼?" 하는 질문을 가장 많이 받는 주인공이 바로 빈티지 사인 보드입니다. 공이 많이 들어가 보이는 살림은 달라고 하기가 미안하니까 그런 게 아닐까요? 척 보기에도 이것들은 썩 간단해 보이잖아요. 그뿐일까요. 카페 차릴 것도 아니면서 웬걸 이렇게 자꾸 만드냐고 묻는 이웃들도 있습니다. 요 아이들이 색이 좀 튀고, 아무 데나 세워 두어도 은근히 멋이 나니까 다들 관심을 보이는 것 같습니다. 왜 자꾸 만드는가 하면 말이죠. 가구를 만들다 보니 베란다에 쌓여 가는 자투리 나무판이 너무 많아서랍니다. 그냥 쌓아 두자니 쓰레기 같아서 속상하고, 그렇다고 버리기는 아깝고… 그러다 어느 날, 별 깊은 생각 없이 빈티지 사인 보드 하나 만들었는데 마음에 쏙 들더라구요. 그래서 제각기 다른 느낌으로 만들어 보니 더 좋았죠. 그렇게 하나둘 늘어간 사인 보드가 꽤 있지만 여기에서는 대표 선수 3가지만 추려보았습니다. 나무판과 스텐실 도구 몇 가지만 있으면 당장 할 수 있어요. 하루에 몇 개라도 만들 수 있죠. 참! 고재를 활용하면 예스러운 느낌이 더욱 잘 살아나서 좋더군요. 영문과 숫자 등을 고루 섞어서 만들고, 색깔도 다채롭게! 어디에 세워도 느낌이 살아난답니다.

Do you like coffee?
커피 좋아하세요?

I like coffee sack more than coffee.
저는 커피보다 커피 자루를 더 좋아해요.

커피도 좋지만 커피 담긴 자루는 더 좋다!
커피 자루로 만든 액자형 걸이

앞서도 말씀드렸던 것처럼 박스 형태의 소품은 어떻게 활용하는가에 따라 다양한 물건으로 변신합니다. 쟁반도 되고, 액자도 되고, 매거진 랙도 되고, 책상 위에 갖춰 두는 수납함으로 변신시킬 수도 있죠. 여기에 또 하나의 박스 활용법을 소개하려고 합니다. 박스 형태, 더 쉽게 말하자면 트레이 형태의 납작한 사각 박스를 만들었어요. 단, 아래쪽 양 옆면의 프레임을 조금 길게 재단해서 그 사이에 걸이를 플러스할 수 있게 했습니다. 박스 형태의 프레임 안쪽 면에 커피 자루에서 오려낸 원단을 붙였더니 상당히 낭만적인 느낌이 납니다. 가만히 걸어두었더니 액자, 그 자체가 되는 거죠. 액자도 되고, 걸이도 되고… 참 쉽게 만들 수 있는 일석이조의 아이템 아닌가요?

236p
How to make

나무 상자 모양으로 만들어진 덕분에 벽에 걸어두면 하단 프레임 부분에 작은 소품들을 올려서 장식할 수 있다. 시판하는 훅 대신 얇은 못을 한 줄로 조르르 박아 놓았더니 자연스러운 멋의 걸이가 되었다.

238p
How to make

책상이나 테이블 위에 눕혀 놓고 사용해도 좋지만, 벽면에 붙여 세워 놓고 쓰거나 아예 걸어두고 사용하는 것도 방법이다.

뭣에다 쓰는 물건인고?
정리 안 되는 책상 위 칸칸 수납 박스

어찌 하다 보니 박스 예찬론자가 되게 생겼습니다. 그렇죠? 또 하나의 박스 소품이 등장하게 되니 말이죠. 그래도 이 물건은 안쪽이 조금 다른 형태를 갖추고 있습니다. 크고 작은 칸을 분류해 놓은 수납 박스거든요. 물론, 어디에서나 대환영을 받으면서 제 몫을 할 수 있는 물건이기도 합니다. 주방, 서재, 식탁 위, 아이 방, 화장대 위…. 작은 살림들이 어수선하게 널려 있는 곳이라면 그 어디서나 빛을 발하죠. 다크 브라운 컬러를 입혀 중후한 느낌으로 만들었더니 더 깊이 있는 멋이 느껴지는 것 같습니다. 고재라면 가장 좋고, 굳이 비싼 고재가 아니라도 조금 거친 느낌의 표면을 가진 나무판을 사용하는 것이 질감까지 즐기는 방법일 듯해요. 물론 색상 선택은 여러분 마음대로입니다!

다이소에서 1천원 주고 샀다고? 스테인리스 스틸 부식시키기

녹이 슬어도 좋아요. 낡고 손때가 묻었어도 괜찮아요.
그런 게 빈티지의 매력이니까요.
막 사 입은 듯한 신상 옷은 어쩐지 어색하잖아요.
내 몸을 알고, 내 몸이 하는 말을 들어서 익숙해진 옷,
저는 그런 게 좋던 걸요. 그래서 빈티지가 좋습니다.
물론, 아직은 인위적인 방법으로 빈티지를
표현하고 있지만
언젠가 저에게도 세월의 이야기가 담긴
오리지널 빈티지가 하나둘 쌓여가겠죠.
인터넷이나 책을 통해 구경하면서
늘 부러웠던 낡고 녹슨 철제 제품들.
오늘은 그 세월의 흔적을 흉내 내어 보았습니다.
언젠가 '다이소'에서 사두었던
값싼 스테인리스 스틸 제품들을
부식 페인트로 칠한 다음 다시 벗겨내고,
또다시 스프레이를 뿌려가며 만든 소품들.
어떤가요? 짝퉁이지만 그런대로 멋이 나지 않나요?

집게가 달려 있어 테이블이나 선반장에 꽂아 쓸 수 있는 조명. 평범한 은색 갓이 조금 아쉬웠다.

개성 없는 은색 조명 갓에 세월 더하기! 빈티지 그린 집게 조명

주말 동안 집게 조명에 새로운 컬러를 입혀 봤어요. 반짝이는 은색도 나쁘지는 않았는데, 새로운 컬러를 넣어주고 싶었거든요. 블루와 그린 사이에서 고민 고민을 하다가 마지막에 그린으로 결정! 부식 페인트로 낡은 느낌을 살리고, 금색 래커를 살짝 뿌려서 마무리했어요. 휘어지는 부분에는 래커를 아주 살짝 뿌렸어요. 어떤가요? 빈티지 감각이 잘 살아나는 것 같지 않나요?

240p
How to make

벽에 붙어 페인트를 칠하는 것도
재미있고, 온 바닥에 나무를 늘어놓고는
가구를 만드는 것도
제게는 참 황홀하고 즐거운 일입니다.
그런데 사실은 그 모든 즐거움을
앞지르는 것이 있다면 이렇게
테이블 앞에 앉아서 조물조물
만지작만지작, 쓰고 붙이고 갈고 깎고
다듬어가는 작은 일들입니다.
테이블 위에서 하는 모든 일들은
언제나 저를 설레게 합니다.
제가 작업 테이블을 지키고
앉아 있는 시간이면
저의 아들 혁준이도 슬그머니 곁으로
와서 자신만의 무언가를 만들거나
그리기 시작합니다.
이렇게 소박하고 조용한 일상이
좋습니다. 그래서 자꾸 무언가를
만드는 것일 테죠. 내 손으로 무언가를
만들어낸다는 기쁨은 해보지 않고서는
절대로 알 수 없는 일이라는 것.
책을 통해 독자인 당신과 나누고 싶은
이야기는 바로 이것이 아닐까 싶네요.
오늘도 저는 또 하나의 행복을 누리고
즐기면서 작업대 위로 두 손을
뻗칩니다.

책상 위에 착착착, 나의 보석들… 수제 문구 이야기

낡은 자, 낡은 연필, 낡은 카드… 하나씩 구입하자니 의외로 큰돈이 들고, 제 마음에 쏙 드는 것을 구하기도 쉽지가 않았어요. 그래서 텔레비전 보다가, 아이가 그림을 그리는 동안에도 옆에 앉아서 가벼운 커터 칼 하나 들고 문구용품 하나씩 만들어보기 시작했어요. 빈티지 느낌을 살리기 위해 나무에는 페인트를 칠하고, 종이에는 커피 물을 들였죠. 옆에서 구경하던 아이 눈에도 제가 하는 작업이 재미있어 보였던지, 어느새 조물조물, 혼자서 작은 소품들을 만들기 시작하네요. 둘만을 위한 테이블에 앉아서 사각사각 기분 좋은 소리를 들으며 책상 위 문구를 만드는 시간. 세상에서 가장 행복한 아들과 엄마의 시간입니다.

I love stationery
on the DESK

오늘의 행복은 몇 센티나 될까? 낭만적인 우드 자

빈티지 소품을 구경하면 참 흥미로워요. 어떻게 보면 정말 평범하다 싶은 물건도 제대로 잘 낡았다는 것이 더해지면 그 가치가 다르게 느껴지잖아요. 오늘은 그간 늘 만들어 보고 싶어 했던 우드 자를 시도해 보았어요. '키엔호'에서 받은 빈티지 오리지널 티크로 다른 소품을 만들고 남은 자투리를 이용했어요. 아무리 작은 자투리라도 이렇게 활용 가능하니 절대 그냥 버리지 마세요.

241p
How to make

유리병에 담고, 낡은 고서 사이에 끼워 책상 위에 올려두기만 했을 뿐인데… 앤티크 숍 같다고 한다. 그런데 잘 써지냐고? 아니 아니, 사실은 그냥 막대기다.

연필이라고 다 써지는 건 아니다! 무늬만 고재 연필

아이 유치원이 방학을 한다는 것은 '당분간 큰 가구는 만들 수 없다'는 사실을 공지하는 신호입니다. 아이가 있는데 먼지 풀풀 날리면서 가구를 만들 수는 없으니까요. 대신 아이와 아빠가 목욕탕에 간 사이, 그 짧은 틈도 놓치지 않고 무얼 만듭니다. 얼마 전 부엌문을 리폼하고 남은 '키엔호'의 고재, 리사이클 슬라이스 티크 자투리로 만든 앤티크 연필입니다. 울퉁불퉁한 느낌이 살아 있어서 더 좋은 고재 연필. 실제로 사용할 수 없다는 건 아쉽지만, 작은 소품으로 쓰기엔 충분히 좋아요.

242p
How to make

243p
How to make

일일이 손으로 깎아 완성한 명품 우드 집게

늦은 밤, 아이와 남편이 잠든 사이에 밤새 음악을 들으며 깎고, 또 깎았습니다. 삭삭삭, 나무 다듬어지는 소리가 정말 좋아졌어요. 고재로 된 걸이를 하나 만들려고 시작했는데, 막상 머릿속으로 그림을 그리다 보니 걸이에 달릴 집게도 고재 느낌이면 좋겠다 싶었습니다. 그래서 완성된 게 바로 이 우드 집게입니다. 열심히 칼질을 하느라 손가락이 아프긴 하지만요. 기존 집게의 철 부속을 활용해 실제로 사용할 수 있도록 만들었더니 마음이 더욱 뿌듯하네요.

서랍 속에 모셔두고 추억처럼 간직하고 싶은, 주사위 & 주사위 박스

정신없던 한 주를 보내고 간만에 여유가 생겼더니 또 손이 근질근질. 정말 병이지, 싶습니다. 결국 무언가 아주 작은 작업이라도 해보고 싶어서 예전부터 생각했던 주사위와 주사위 박스를 만들기 시작했어요. 주사위는 각목으로, 박스는 고재 자투리로 만들었습니다. 각목은 본덱스 오일 스테인을 발라서 만들었더니 고재 못지않게 멋지죠? 고즈넉한 느낌의 테이블 위에 올려두었더니 아이가 자꾸 주사위 놀이를 하자며 조르네요. 주사위를 만들어 놓고 보니 왠지 추억이 쌓여가는 느낌이랄까? 서랍 속에 간직해 두고 오래오래 아껴줄 생각입니다.

244p
How to make

245p
How to make

단추 수납용인가? 아니라고?
버튼 장식 카드

빈티지 숍에 가보면 종종 만나게 되는 아이템 중에 버튼 장식 카드가 있습니다. 카드에 조르르 나열되어 있는 색색의 단추들이 제 눈에는 그렇게 예뻐 보일 수가 없더군요. 한두 장 살 수도 있겠지만 살짝 아까운 마음도 있고, 한두 장 사서는 쓸 데도 없을 거라는 생각도 들고, 무엇보다 집에 가서 내 손으로 만들면 되지, 하는 생각이 들어서 지갑 딱 닫고 돌아왔어요. 바로 그날, 책상에 붙어 앉아서 두어 시간 뚝딱거리며 만든 아이템이 바로 이 카드들입니다. 다양한 색깔과 소재의 단추만 있으면 정말 어렵지 않게 만들 수 있습니다. 여러 장 만들어두면 특별한 날, 소박한 선물을 몇 배 더 빛내주는 값진 아이템으로 귀하게 쓰일 거라고 확신합니다. 한번 만들어보지 않으실래요?

아… 성냥갑인가 보다, 아니면 클립 상자?
나무로 만든 종이 느낌 미니 박스

뭣에다 쓰는 물건인지 도대체 알 수가 없는 또 하나의 물건이 있습니다. 이걸 본 사람들은 누구나 "어머! 성냥갑이야?" 하지요. 하지만 아닙니다. 무늬만 박스일 뿐, 결코 열리지는 않으니 박스는 아닙니다. 게다가 종이 느낌이 날 뿐, 종이가 아니니 이 또한 사기(?) 기질이 다분한 녀석입니다. 이 박스로 말씀드릴 것 같으면 굴러다니는 자투리 나무를 툭툭 잘라 만든 종이 상자 느낌의 나무 블록 같은 것입니다. 손 가는 대로 마음 가는 대로 만들었습니다. 예쁠 것 같아서요. 선반 위나, 책상 위에 올려 두면 참 좋을 것 같다고 생각하면서 나무 잘라서 반질반질하게 깎고, 문양을 입혀 주었죠. 여러 개 만들어서 상자 속에 한데 넣어 두었더니 저희들끼리 가족을 이루면서 고운 자태를 만들고 있습니다.

빈티지나 앤티크 소품을 좋아하는 분들이라면 한번쯤 만들어 보셔도 좋을 것 같습니다. 길 가다가 누가 버린 나무토막이라도 만나거든 슬쩍 주워다 만드셔도 하자가 없습니다. 만드는 기쁨이란 바로 이렇게, 아주 작은 물건에서부터 시작된다는 걸 기억해 주셨으면 좋겠습니다.

그리고 괜히 한마디 더 건네고 싶어서…
핸드메이드에 푹 빠진 쭌사마의 속내 하나

나는 어쩌다가 이렇게 뭘 자꾸 만드는 여자가 되었을까, 생각해 보았습니다. 그저 혼자 즐길 수 있는 취미 하나 가져보자 생각하며 생활비를 아껴서 톱과 망치 같은 걸 구입했던 게 그 시작이었던 것 같습니다. 그러다 이 일이 무척 재미있다 싶어진 이후로는 생일이나 결혼기념일 등에 선물 대신 공구를 사달라고 부탁하기 시작했어요. 그렇게 해서 전기 타커를 갖추고, 직소를 곁에 두게 되었죠. 이렇게 공구가 준비되고 나니, 일에 가속도가 붙데요. 아이 재워 놓고 새벽까지 페인팅 하는 건 기본이고, 낮에는 아이가 잠시 다른 일에 열중해 있는 틈을 타서 서둘러 작은 목재를 잘라두곤 했어요. 지금 생각하면 그때는 제가 어떻게 그토록 부지런을 떨 수 있었는지 스스로도 참 대견하다 싶습니다. 정말 행복한 일을 하느라 힘든 줄도 몰랐고, 피곤한 줄도 몰랐던 거죠.

그렇게 하나하나, 모든 것이 달라지기 시작했습니다. 집이 변하고, 살림이 변하고, 또 나 자신이 변했죠. 베란다가 변하고, 부엌이 변하고, 혁준이 방이 몇 번씩 컬러를 다시 입게 된 거예요. 다른 사람들은 피곤하지 않느냐고 걱정도 하지만, 저는 참 행복했어요. 아니, 지금도 참 행복합니다. 쓸 데도 없는 종이 느낌 상자 하나가 부귀영화를 가져다 주지는 않습니다. 할 일도 많고, 사느라 분주한데 그런 걸 안 만들어도 되겠죠. 그래도 굳이 여러분들 앞에서 저의 별스럽지도 않은 물건들을 꺼내 보이는 것은 제가 느끼는 작은 행복을 함께 느낄 수 있었으면 해서입니다. 저처럼 당신도, 모든 분들도 내 작은 손이 빚어내는 소박한 행복을 맛보실 수 있었으면 좋겠습니다.

JJunsama's Talk

뭐든 만들 수 있으니 부자라고 생각하며 사는… 〈쭌사마〉입니다

오늘도 저는 무언가를 만들고, 색을 칠하느라 분주합니다.
처음엔 엄마가 하는 모든 행동이 궁금해서 껌처럼 옆에 붙어
감시를 하던 혁준이는 이제 저만치 떨어져 혼자만의 작품 세계에 빠져 있어요.
처음에는 아이와 멀어지는 것 같아서 조금 아쉬웠는데, 웬걸요.
아이가 저 혼자만의 세계로 들어가 엄마와는 전혀 다른 상상력으로
완성하는 그림이나 작품 때문에 저는 또 하루하루 감동하고, 웃게 됩니다.

낯선 결혼과 육아
그 새로운 생활 방식이 조금은 벅차서 시작했던 일이었습니다.
그냥, 이 집 안에 '나만의' 자리를 조금이라도 찾아보고자 시작한 일이었죠.
하지만 그 일이 어느새 나를 행복하게 하고, 우리 가족 모두를
행복하게 하는 일이 되었습니다.
다시 생각해 보아도 참 고맙고, 감사한 일이죠.

당신이 하는 일이라면…
내가 하는 일이라면 무엇이건 도와줄 준비가 되어 있던
남편 덕이 컸습니다. 그동안은 쑥스러워 말도 못했지요.
이제야 슬쩍 고백해 봅니다. 남편. 정말로 고마워요.
묵묵히 지켜봐주고, 필요할 때 도와준 당신 덕분에 지금의 내가 있고,
지금의 우리 집이 있어요. 내가 조금씩 자신감을 잃어갈 때마다
부담스럽지 않게 내 손을 잡아준 당신. 정말 고맙고, 사랑합니다.

새 포스팅을 할 때마다
늘 칭찬해 주고 격려해 주는 많은 블로그 이웃님들도
빼놓을 수가 없어요. 아이 때문에 마음껏 밖으로 활개 치고 다니지는
못했지만, 인터넷상에서 충분히 친구들을 만날 수 있고
여행할 수 있어서 행복합니다. 가끔은 소소한 제 일상 이야기에도
함께 웃고 울어주는 블로그 이웃님들 덕분에
저는 앞으로도 외로울 틈이 없을 거라 믿습니다.

앞으로 저는…

더 열심히 살아볼 작정입니다. 이전에는 그저 우리 식구 행복하기만을 바라면서 살았다면, 이제는 제 블로그로 구경 오는 모든 사람들이 함께 행복해지기를 바라면서 살고 싶어졌어요. 제가 받은 관심과 사랑이 때로는 너무 과분해서, 이제 조금이라도 나눠드려야지 싶습니다. 제가 할 수 있는 일이 뭐 있나요. 지금처럼 열심히 제가 만든 가구나 소품들을 소개하고, 제 소식 궁금해하시는 분들을 위해 가끔 안부를 전하는 게 임무가 되겠죠. 그래서 오늘도 조금 더 힘을 내보렵니다!

갓 만들어도 100년 된 것 같은,
10년만 지나도 박물관에 소장될 것 같은,
그렇게 케케묵어 낡은 멋의
빈티지 수제품을 만드는 일은
쭌사마의 꿈이고 희망 사항이다.
그래. 그 엄마 쭌사마는 지금,
위트와 유머 그리고
세월의 숨결로 한껏 버무려진
'인생 핸드메이드' 중이다.

− F · book 일동 −

ly Denatured Alcohol is a violent poison.
be applied externally to human or animal
thout serious injurious results. It cannot
internally without inducing blindness and
physical decay, ultimately resulting in death.

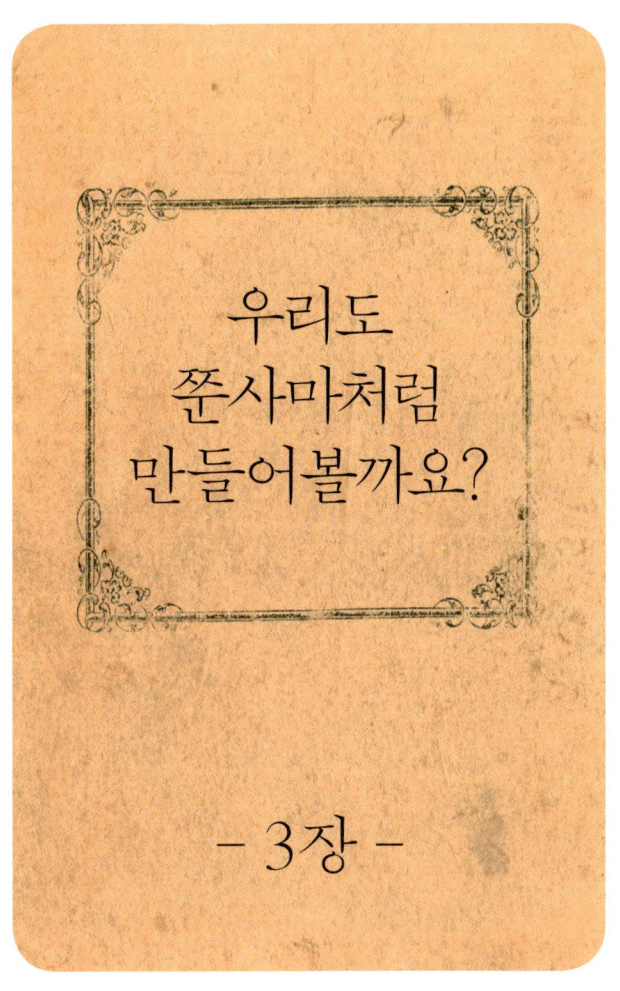

집 단장과 가구 만들기에 필요한 공구 이야기

집단장에 필요한 재료 & 소품 구입처

DIY 재료 구입처
타이거우드 www.tigerdiy.com
벤자민무어페인트 www.benjaminmoore.co.kr
그린베이 www.greenbay.kr

인테리어 가구 & 용품
아리프리마켓 www.arifleamarket.com
로빈 www.rovin.kr
키스마이하우스 www.kissmyhaus.com
김코디네 www.kimcoordi.com
파파나무 www.papanamoo.co.kr

캐빈램프 www.cabinlamp.co.kr
자카하우스 www.zakkahouse.co.kr
마켓엠 www.market-m.co.kr
Funny DIY www.yoohanna.com
쑤제 0.1 www.ssooze.com

침구 &패브릭
나무가 주는 침구 www.namunlife.co.kr
꾸밈디자인 www.ccumimdesign.com
코튼빌 www.cottonvill.co.kr

DIY 공구가 필요하다면?
쭌사마에게 먼저 묻고 구입하기

처음에는 망치와 톱 하나로 가볍게 시작한 일이었는데 어느새 베란다 가득 공구 상자를 짜 맞춰야 할 만큼 종류가 많아졌습니다. 생각해 보면 더 예쁜 작품을 만들고 싶은 욕심이 생길 때마다 공구를 하나씩 늘려갔던 것 같아요. 솜씨 없는 기술자가 연장 탓을 한다더니… 아무래도 제가 딱 그 상황이었던 모양입니다.

오늘은 베란다를 말끔히 치우고, 제가 가진 공구들을 하나둘씩 꺼내어 사진을 찍어 보았습니다. 야금야금 늘어난 공구들을 모아놓고 보니 새삼, 나의 지난날들이 한눈에 보이는 것만 같아 대견한 마음도 살짝 듭니다. 애썼다, 얘들아! 숙련되지 못한 주인에게 온몸을 다 바치느라 니들이 정말 고생이 많다~ 하면서 살짝 위로도 곁들여 봅니다. 애들 모두가 정말 고생이 많거든요.

가구나 소품에 관심을 가지고 하나씩 만들기 시작했다면 공구에도 마음을 주게 됩니다. 물론, 저처럼 이렇게 많은 공구들을 미리부터 다 갖춰야 할 필요는 없습니다. 다 있으면 좋겠지만, 다 있지 않아도 만들 수 있으니까요. 그런데 무엇이 필요하고, 무엇이 없어도 되는지를 어떻게 구분하느냐고요? 음… 그건 만들기를 시작해 보면 금세 알게 된답니다. 이런 게 있어야 하는구나, 라고 손이 벌써 알게 되는 거죠.

저는 각각의 공구들을 용도별로 분류해서 소개하겠습니다. 그렇게 해야 초보 독자 분들도 쉽게 이해할 수 있을 거라는 생각이 들어서입니다. 하나하나 살펴보면서 나에게 필요한 공구가 무엇인지 체크하고 구경하시면 좋겠습니다.

측정하기

줄자 목재의 치수 측정을 비롯한 다양한 과정에서 사용하게 되는 일반적인 도구. 3천원대, 타이거우드 www.tigerdiy.com

직각자 90도, 45도 등의 각도 측정이 필요할 때 요긴하게 사용할 수 있다. 9천원, 타이거우드 www.tigerdiy.com

일반 자 줄자와 달리 곧은 제품의 치수를 측정할 때 사용한다. 정밀한 측정이 가능해서 편리하다. 1천원 선, 문구점에서 구입.

절단하기

톱 나무를 자를 때 사용하는 기본적인 공구. 톱날 교체가 가능하다. 톱자루 1만2천원 선, 톱날 6천~7천원 선, 모두 타이거우드 www.tigerdiy.com

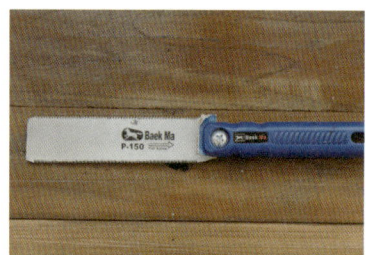

플러그 톱(다보 톱) 절단면이 깨끗하다는 것이 특징. 작은 판재를 자르거나 나무못을 제거할 때 유용하게 사용할 수 있다. 1만3천원 선, 타이거우드 www.tigerdiy.com

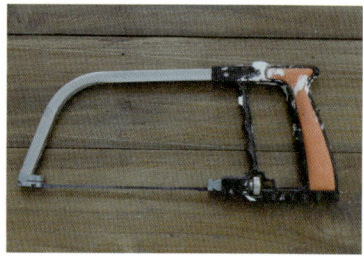

실톱 곡선을 자유자재로 자를 수 있다. 일반 톱과 마찬가지로 날의 교체가 가능하다. 1만원대, 타이거우드 www.tigerdiy.com

각도 톱질대 목재 커팅 시 자나 각도기를 대지 않아도 원하는 각도대로 자를 수 있다. 9천원대, G마켓 www.gmarket.co.kr

직소(Jigsaw) 톱날을 교체해 가면서 목재를 직선, 곡선으로 절단할 때 사용하는 전기톱. 특히 곡선을 절단할 때 유용하게 쓸 수 있다. 4만원대, 타이거우드 www.tigerdiy.com

홀소(Hole saw) 싱크대나 가구 등에 경첩을 달 경우 홈을 파거나, 구멍을 뚫을 때 사용한다. 세트에 1만원대, 타이거우드 www.tigerdiy.com

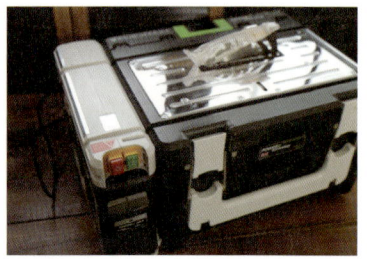

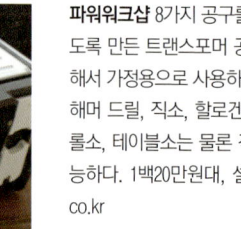

파워워크샵 8가지 공구를 결합해서 사용할 수 있도록 만든 트랜스포머 공구. 휴대와 이동이 편리해서 가정용으로 사용하기에 특히 좋다. 원형 톱, 해머 드릴, 직소, 할로겐램프, 드릴 프레스, 스크롤소, 테이블소는 물론 작업 테이블로도 사용 가능하다. 1백20만원대, 셀코리아 www.celkorea.co.kr

다듬기

모서리 대패 가구의 모서리 부분을 커팅할 때 사용한다. 날의 교체가 가능하다. 1만2천원, 타이거우드 www.tigerdiy.com

사포 거친 표면을 매끄럽게 닦는 데 사용한다. 사포의 부드러움은 '방(#)'으로 표시하는데, 이는 가로세로 1cm^2 안에 들어 있는 알갱이의 숫자를 의미한다. 숫자가 클수록 알갱이가 많아서 곱다는 뜻. 230×280cm 사이즈가 개당 5백원 선, 동네 문방구에서도 구입 가능.

박기

쇠망치 못을 박거나 뺄 때, 가구를 조립할 때 쓰는 기본 공구. 8천원대, 타이거우드 www.tigerdiy.com

건 타커 목재를 연결할 때 사용한다. 목재나 석고보드 벽에 물건을 고정시킬 때도 활용한다. 1만7천원, 타이거우드 www.tigerdiy.com

전기 타커 망치질을 편하게 도와주는 전동 공구. 목재의 두께에 따라 타커 핀을 조절할 수 있는데, 최소 10mm부터 최대 30mm까지 사용 가능하다. 12만원대, 타이거우드 www.tigerdiy.com

해머 드릴 충전 드릴보다 힘이 강해서 벽에 구멍을 뚫을 때 요긴하게 사용할 수 있다. 6만원대, G마켓 www.gmarket.co.kr

충전 드릴 드라이버 기능 및 목재에 구멍을 낼 때 사용한다. 14볼트 이상 제품은 가구 제작 시에도 유용하다. 파워워크샵에 포함된 구성품 중 하나.

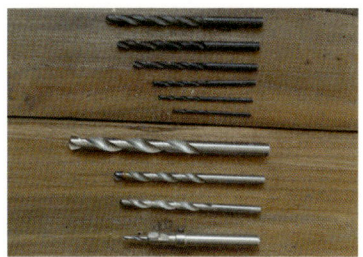

드릴 비트(일본어로 기리) 목재용과 철재용으로 나뉘며 구멍을 뚫을 때 사용한다. 세트 가격 1만원대부터, 타이거우드 www.tigerdiy.com

이중 드릴 비트(일본어로 사라기리) 목재에 구멍을 뚫을 때 사용하는데 2개의 구멍을 한 번에 뚫을 수 있어 편리하다. 1만5천원, 타이거우드 www.tigerdiy.com

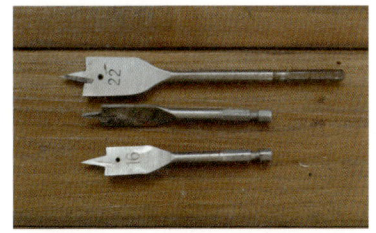

보링 비트 목재에 구멍을 낼 때 사용하는 비트. 6~38mm 크기의 구멍을 낼 때 필요하며 세트로 구성되어 있다. 1만1천원대, 타이거우드 www.tigerdiy.com

잇기, 끼우기

꺾쇠 목재의 코너를 보강하거나 연결할 때 사용하는 철물 소품. 크기와 모양이 다양해서 용도에 따라 선택 사용이 가능하다. 개당 2백원 선, 타이거우드 www.tigerdiy.com

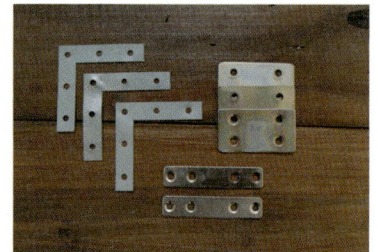

보강 평철 목재를 연결하거나 튼튼하게 고정할 때 사용한다. 크기와 모양이 다양하므로 용도에 따라 가장 알맞은 것을 선택한다. 개당 2백원부터, 타이거우드 www.tigerdiy.com

목심(나무 못) 나사못(피스)을 박은 구멍을 메울 때, 목재끼리 구멍을 뚫어 연결할 때 사용한다. 6mm, 8mm, 10mm 두께로 나뉘어져 있다. 길이와 두께, 양에 따라서 가격이 다르다. 타이거우드 www.tigerdiy.com

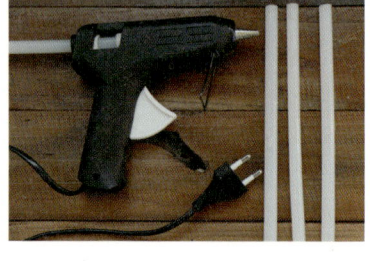

경첩 문짝과 문틀을 연결할 때 사용하는 철물. 가구의 디자인에 따라, 용도에 따라 선택 사용해야 한다. 디자인에 따라 가격이 다양하다. 타이거우드 www.tigerdiy.com

붙이기

실리콘 건 & 파텍스 초강력 접착제(PL50) 파텍스 초강력 접착제를 실리콘 건에 끼워 사용한다. 파텍스 초강력 접착제는 목재, 문틀, 몰딩 등 다용도로 사용 가능하다. 실리콘 건 2천5백원, 파텍스 초강력 접착제 5천원, 모두 타이거우드 www.tigerdiy.com

글루건 & 핫 멜트 스틱 스틱을 꽂아 열로 녹여서 사용하는 접착용 도구. 글루건 1만7천원, 핫 멜트 10개 묶음 1천원부터, 모두 타이거우드 www.tigerdiy.com

목공용 본드 목재를 연결할 때 사용하는 목재 전용 접착제. 제조사에 따라 종류와 가격이 무척 다양하다. 타이거우드 www.tigerdiy.com

메움이(필러) 못이나 피스 자국, 갈라진 틈, 흠집 등을 메워준다. 용량은 물론 종류에 따라 가격이 다양하다. 6천원대부터, 타이거우드 www.tigerdiy.com

칠하기

페인트
요즘은 페인트도 브랜드가 다양해서 무엇이든 원하는 기능의 페인트를 선택할 수 있다. 페인트는 크게 수성과 유성으로 나뉜다. 보통 일반 가정집에서는 냄새가 강하고 유해물질을 내뿜는 유성 페인트는 사용이 점점 줄어들고 있는 추세다. 개인의 취향과 기호에 따라 페인트를 선택하면 되지만, 되도록 친환경 페인트를 사용할 것을 권장한다. 오프라인, 온라인 쇼핑몰에서 친환경 페인트를 쉽게 구입할 수 있다. 브랜드마다, 페인트 종류마다 가격이 조금씩 다르므로 참고한다.

가구 & 목재용 페인트 방문이나 싱크대, 신발장 등에 손쉽게 사용할 수 있다. 취향에 따라서 베란다나 벽면에도 칠할 수 있다. 여기 소개한 제품의 이름은 리갈 셀렉트로 리터당 3만6천원, 벤자민무어 www.benjaminmoore.co.kr

벽지 & 벽면용 페인트 벽지용 페인트는 무광, 에그쉘광(달걀 껍질의 광도)이 있다. 1리터로 3평짜리 방의 벽 하나를 2회 정도 칠할 수 있다. 여기 소개한 제품의 이름은 내추라(Natura)로 리터당 3만2천원, 벤자민무어 www.benjaminmoore.co.kr

젯소(프라이머) 페인트를 칠하기 전에 바르는 하도제. 코팅이 되어 있는 가구, 철재, 플라스틱 등 도장이 어려운 물체의 표면에 젯소를 바른 후 페인팅을 하면 깔끔하게 마무리가 된다. 리터당 2만2천원, 벤자민무어 www.benjaminmoore.co.kr

오일 스테인(본덱스 오일 스테인) 유성 도료이며 목재 고유의 결을 살리면서 색을 변화시킬 때 사용하는 착색제. 마감재가 따로 필요 없지만, 취향에 따라 코팅(바니시)를 다시 할 수 있다. 375㎖ 8천원, 타이거우드 www.tigerdiy.com

수성 스테인(아보코트 스테인) 수성 도료이며, 목재 고유의 결을 살리면서 색을 바꿀 때 사용할 수 있는 착색제. 리터당 2만9천5백원, 벤자민무어 www.benjaminmoore.co.kr

바니시 페인트를 칠한 뒤 표면에 오염이 생기는 것을 방지해 주는 코팅제. 무광, 저광, 고광이 있다. 236㎖ 1만3천7백원, 벤자민무어 www.benjaminmoore.co.kr

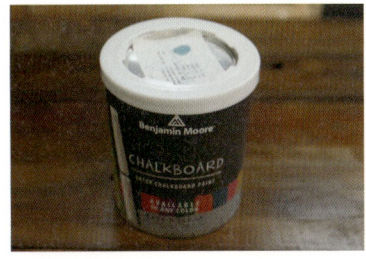

칠판 컬러 페인트 요즘 주부들이 가장 즐겨 찾는 페인트 중 하나. 4천여 가지의 다양한 컬러가 있으며, 페인팅 후에는 칠판처럼 사용할 수 있는 데코 페인트다. 철재는 물론 목재, 벽면에도 사용 가능하다. 리터당 3만1천원, 벤자민무어 www.benjaminmoore.co.kr

부식 페인트 새 물건에 칠하면 마치 오래 되어 녹이 슨 것 같은 부식 효과를 내주기 때문에 빈티지 감각을 살릴 수 있다. 철재는 물론 목재와 벽면 등에 다양하게 사용 가능하다. 2만7천원, 손잡이닷컴 www.sonjabee.com

페인팅 도구
페인트를 칠하기 위해 꼭 필요한 기본 도구들. 다양한 종류의 붓과 스펀지, 밑 작업이나 마무리 작업, 장식을 위한 도구 등이 있다.

붓 페인트나 마감재 등을 칠할 때 필요한 기본 도구. 붓의 크기와 종류, 용도에 따라 가격도 다양하다. 저렴한 제품의 경우에는 1천원대부터 구입 가능. 벤자민무어 www.benjaminmoore.co.kr

스펀지 스테인 작업 시 사용할 수 있는 도구로 값도 저렴하고 편리하다. 개당 3백원 선, 벤자민무어 www.benjaminmoore.co.kr

폼 브러시 붓 자국 없이 말끔하게 도장을 하고 싶을 때 사용한다. 기본은 1회용이지만 관리만 잘 한다면 몇 차례 더 쓸 수 있다. 작은 사이즈의 제품은 6백원 정도에 구입 가능하다. 벤자민무어 www.benjaminmoore.co.kr

롤러 & 롤러 커버 벽지나 벽면에 페인팅을 할 때 사용하는 도구. 쓰고 난 후 커버는 교체가 가능하다. 9천원대, 벤자민무어 www.benjaminmoore.co.kr

트레이 롤러로 페인팅을 할 때 페인트를 덜어서 쓰는 기본 도구. 3천8백원, 벤자민무어 www.benjaminmoore.co.kr

스텐실 도안 & 스텐실 붓 스텐실용 도안은 온라인 쇼핑몰에서 여러 종류의 제품을 구입할 수 있으며, 붓 역시 크기별로 다양하게 선택할 수 있다. 타이거우드 www.tigerdiy.com

마스킹 테이프 페인팅을 시작하기 전 몰딩이나 문틀, 스위치 등 롤러나 붓 자국이 남기 쉬운 부분에 붙여두면 페인트가 묻는 것을 방지해 준다. 일반적으로 롤당 1천5백원 선, 벤자민무어 www.benjaminmoore.co.kr

커버링 테이프 페인팅 전에 오염되기 쉬운 곳에 붙여 페인트가 묻지 않도록 해준다. 마스킹 테이프 아래 넓은 비닐이 붙어 있어서 좀 더 넓은 면적을 가릴 수 있다. 롤당 1천5백원, 벤자민무어 www.benjaminmoore.co.kr

가구를 만들어보고 싶다면?
쭌사마처럼 겁 없이 도전해 보기

연습 삼아 따라해 보는 가구 만들기의 기본

집에 있는 대부분의 가구들을 제가 만들었다고 하면 사람들이 깜짝 놀랍니다. 그게 말이 되느냐고 되묻기도 합니다. 그런데 생각해 보면 저로서도 깜짝 놀랄 일인 것 같아요. 이걸 어떻게 다 만들었나, 싶어서 말입니다. 더구나 아무런 사전 지식도 없이 그냥 내키는 대로 뚝딱거리기 시작한 저였으니 참… 무지해서 용감할 수 있었던 게 아닐까 싶기도 합니다.

책을 엮기 시작하면서 아직 나는 멀었구나, 하고 느끼게 되었습니다. 손으로 할 때는 어찌어찌 이래저래 만들어지던 것들이 글과 사진으로 풀어놓으려니 도무지 아귀가 맞지 않더라는 거죠. 덕분에 '이래서 공부가 필요하구나'라고 절실히 깨닫기도 했고, 뒤늦게 가구 만들기 공부를 다시 시작하기도 했답니다.

하지만 전후 사정이야 어떠하든 가구를 만들기 위해서는 일단 시작하는 것이 방법입니다. 가구만 그런 것은 아니죠. 사는 게 다 마찬가지여서 새로운 것에 도전하고 싶다면 죽이 되든, 밥이 되든 일단 끓이고 보는 게 상책입니다. 머리로만 생각하면서 방법만 찾고 있다가는 평생 나무 상자 하나 못 만들기 십상이니까요.

지금부터는 가구와 소품 만들기에 대한 실전을 풀어놓을 생각입니다. 공구는 짚고 넘어왔으니 이제 만들 차례가 된 거죠. 1장과 2장에서 보여드렸던 공간 꾸밈과 살림살이들의 DIY 요령을 거의 다 소개할 참입니다. 짬이 날 때마다 엄선해서 하나씩, 가장 만만한 놈부터 골라서 시작해 보시죠.

자, 그럼 연습 삼아 기본부터 익혀 볼까요? 서랍이 달려 있는 수납장 하나 차근차근 만들면서 가구의 세계, 그 다채로운 즐거움의 세상으로 함께 들어가 보시죠.

기초부터 차근차근, 다용도 수납장 만들기

Material

목재 : 프레임(삼나무 18T), 서랍(삼나무 12T), 뒤판(미송 합판 4.8T)
공구 : 드릴, 전기 타커, 직소, 망치, 이중 드릴 비트
부자재 : 목심, 목재 메움이, 나사못, 본드, 사포, 자, 경첩, 손잡이

* 목재 두께 T는 Thickness의 약자이다.
ex) 두께 1T → 1mm   2T → 2mm

how to make

1 옆판이 될 목재를 준비한다.

2 상단 쪽 모서리를 직소로 라운딩하기 위해 연필로 목재에 라운딩 모양 스케치를 해준다.

3 스케치를 한 선 모양대로 천천히 자른다. 전기 타커나 직소처럼 전선이 붙어 있는 전동 공구는 항상 전선을 공구 뒤로 두어야 하는 점을 기억하자. 또한 사용하지 않을 때는 반드시 플러그를 뽑아둔다. 전동 공구는 안전 문제가 생길 수 있으므로 항상 신중히 다루어야 한다.

4 사진과 같이 양 옆판 두 개를 둥글게 잘라서 준비한다.

직소(기) 활용의 예 : 물결 모양으로 자르기

❶ 목재 위에 물결 모양을 스케치한다(사진은 이해를 돕기 위해 두꺼운 펜으로 그림을 그렸다).

❷ 직소의 버튼을 누르고 천천히 스케치 라인을 살피면서 자른다.

❸ 물결 모양으로 잘린 모습.

❹ 절단된 단면을 사포(220방)로 다듬는다.

❺ 이번에는 네모난 구멍을 만들 차례. 네모 모양을 스케치한다. 직소기 날이 들어갈 크기의 비트를 드릴에 끼운 후 각 모서리 부분에 구멍을 내준다.

❻ 직소 날을 구멍에 넣고 천천히 자른다.

❼ 네모난 구멍이 완성된 모습.

❽ 절단된 단면은 사포(220방)로 매끈하게 다듬는다.

5 옆판과 중간 판을 고정할 때는 중간판 위치(중간판 두께)를 연필로 표시해 둔다.

6 사진과 같이 고정할 위치를 미리 표시해 두면 비뚤지 않게 고정시킬 수 있어 좋다.

7 확대해서 보면 이런 모양이 된다.

8 더욱 튼튼하게 조립하고 싶을 때는 나사못 작업 전에 미리 본드 작업을 해 두는 것이 기본이다.

9 나사못 조립 전에 목재의 틈이 벌어지는 것을 방지하기 위해 본드 작업한 것을 전기 타커로 임시 고정해 둔다. 클램핑(목재를 고정할 때 단단하게 잡아주는 도구)을 이용해 잡아준 후 나사못 작업을 해도 된다.

10 사진은 옆판과 밑판이 임시로 고정된 모습.

11 나사못으로 옆판과 밑판을 고정시키기 위해 먼저 드릴에 이중 드릴 비트를 장착하고 구멍을 뚫는다.

12 이중 드릴 비트로 구멍을 내지 않고 바로 나사못으로 조이면 목재가 갈라질 수 있으므로 직각으로 구멍을 뚫는다.

13 목심을 사용할 시에는 사진처럼 이중 드릴 비트로 구멍을 깊숙이 뚫어야 한다.

14 나사못을 조인다.

15 사진처럼, 같은 방법으로 중간 판을 차례대로 조립한다.

16 위판까지 조립이 완성된 모습.

17 남아 있는 옆판을 조립한다.

18 위판의 가로 목은 옆판 쪽에서 나사못 작업을 해준다.

19 기본적인 프레임 조립이 끝나면 목심을 박는 작업을 한다.

20 구멍 속에 목공용 본드를 조금 넣는다.

21 이중 드릴 비트와 같은 두께의 목심을 망치로 박는다.

 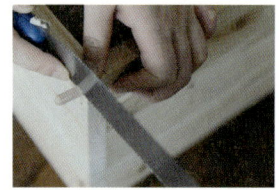 

22 잠시 시간을 두고 본드를 건조시킨다.

23 목심이 단단히 고정되고 나면 밖으로 나온 부분을 플러그 톱으로 자른다.

24 고운 사포(320방)로 다듬어준다.

메움이 작업 요령

나사못 박는 작업을 하고 나면 취향에 따라 구멍을 메우지 않고 그냥 둘 수도 있다. 만약 나사못의 구멍이 보기 싫다면 간단한 방법으로 메움이를 사용해도 좋다.

❶ 메움이는 일반 점토 농도의 질감으로 만들어졌다.

❷ 주걱 등의 도구를 사용해서 바를 수도 있고, 손으로 떠서 메울 수도 있다.

❸ 구멍을 메운 후에는 건조시킨다.

❹ 딱딱하게 건조가 되고 나면 고운 사포(320방)로 다듬어준다.

❺ 나사못 구멍이 깔끔하게 메워진 상태.

25 이번에는 수납장 하단에 들어갈 서랍을 조립할 차례. 서랍은 삼나무 목재 12T를 사용했다. 프레임과 같은 18T로 작업해도 되지만 목재 값 절약 차원에서 두께를 줄여도 무관하다. 서랍은 나사못 작업을 해도 되지만, 작은 사이즈 서랍은 전기 타커로 고정시켜도 충분하다. 이때 주의할 점은 서랍이 들어갈 공간의 사이즈보다 2~3mm 정도 작게 만들어야 한다는 것. 그래야만 여닫을 때 부드럽다.

26 목공용 본드를 바른 후 전기 타커를 직각으로 두고 버튼을 눌러 쏘아준다.

27 밑판과 앞판 순서로 조립한다.

28 양 옆판을 조립한 상태.

29 마지막으로 뒤판을 조립한다.

30 드디어 수납장 하단에 들어갈 서랍 두 개 완성!

31 서랍이 들어가는 부분에 여유 공간이 있어야 서랍이 수월하게 열리고 닫힌다.

32 상단에 문짝을 달기 위해 문짝과 경첩을 준비한다. 가구에 문을 달 경우에도 서랍과 마찬가지로 문짝이 달릴 공간보다 2~3mm 정도 작게 사이즈를 측정해야 문이 부드럽게 열리고 닫힌다.

33 연필을 이용해 경첩의 나사못 자리를 미리 연필로 표시해 둔다.

34 2mm 정도 되는 비트 날을 드릴에 끼우고 고정할 나사못 길이의 반 정도만 미리 구멍을 뚫어주면 정확히 경첩을 달 수 있다(목재에 바로 나사못으로 경첩을 달면 목재에 따라 쪼개질 수 있다. 미리 나사못 구멍을 뚫어 주는 게 실수를 줄이는 방법). 만약 비트 날이 없다면 못과 망치를 사용해 구멍을 내도 좋다.

35 구멍에 맞춰 드릴로 나사못을 조인다. 양문 형태로 문을 달 때는 경첩의 위치가 서로 같아야 하므로 자리를 잘 맞춰야 한다.

36 이번에는 프레임 쪽의 경첩을 마저 달아줄 차례. 연필로 경첩 자리를 표시한 후 구멍을 뚫고 나사못을 박는다.

37 이때에도 문짝과 프레임의 위아래 간격에 2~3mm 여유를 두는 것을 잊지 말자.

38 문짝끼리 만나는 중앙 부분에도 여유를 두어야 한다.

39 문짝 달기 완성. 취향에 따라 문 안쪽에 자석을 다는 것도 좋다.

40 뒤판은 미송 합판 4.8T. 목공용 본드를 칠한 후 전기 타커로 박는다.

41 뒤판은 홈파기 가공을 해서 끼울 수도 있지만 트리머 공구가 없다면 쉽지 않다. 만약 홈파기로 뒤판을 말끔하게 넣고 싶다면 온라인 숍에서 가공 서비스를 받을 수 있다. 뒤판까지 마무리되면 도색을 한 후 손잡이를 달면 된다(문짝이 들어간 가구는 디자인에 따라 도색 전후에 경첩을 달아준다).

42 손잡이를 달 차례. 손잡이는 전면 고정과 후면 고정 손잡이가 있다. 처음 사용할 것은 후면 고정의 1홀 제품.

43 고정할 목재의 두께에 맞는 나사못을 준비한다. 사진처럼 여유가 있는 길이의 나사못을 준비해야 한다.

44 문짝에 고정할 손잡이 위치를 연필로 표시한다.

45 나사의 두께와 비슷한 비트를 드릴에 끼운다.

46 연필로 표시한 위치에 직각으로 구멍을 뚫어준다.

47 목재 뒤편에서 나사못을 조인다.

<u>48</u> 앞면에 돌출된 나사에 손잡이를 돌려서 끼운다.

<u>49</u> 전면 손잡이의 경우에는 손잡이 위치만 표시한 후 앞에서 바로 나사못 작업을 해서 완성한다.

*** 참고** : 경첩과 손잡이는 페인트를 칠한 후 고정해 주는 경우가 대부분이다.

후면 고정 손잡이 달기

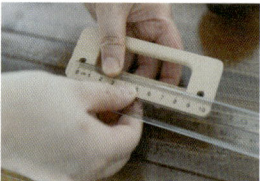  

❶ 후면 고정을 해야 하는 2홀 손잡이를 준비한다. 홀이 두 개인 손잡이는 나사 구멍의 중간을 기준으로 양옆 사이즈를 잰다.

❷ 손잡이를 달 위치에 자로 잰 양옆 사이즈를 연필로 표시한다.

❸ 1홀 제품과 마찬가지로 뒤편에서 드릴로 구멍을 낸다.

❹ 손잡이의 구멍과 목재의 구멍이 맞물리게 자리를 잡는다.

❺ 나사못 구멍에 잘 맞춰서 고정시킨다.

가구 하나 뚝딱 빚었으니… 노동(?) 후에는 치맥이 정답!

페인팅의 기본

페인트를 칠하는 방법은 개인의 취향에 따라 천차만별이에요. 게다가 특별한 노하우가 없더라도 몇 번씩 칠하다 보면 자신만의 노하우가 생기게 마련이죠. 그래서 저는 가장 기초적인 부분만 알려드리려구요. 이 정도만 알고 있으면 이번 책에 소개된 가구나 소품 등은 충분히 만들 수 있어요. 자, 그럼 하나하나 천천히 따라해 보세요.

1 페인트 개봉하기

페인트는 개봉 전에 살짝 흔들어준 다음 나무젓가락 등으로 충분히 저어준 후 사용한다. 쓰고 남은 페인트는 입구를 깨끗하게 닦고 완전히 밀폐한 상태에서 직사광선을 피한 서늘한 곳에서 보관해야 한다. 기온이 영하로 떨어지는 한겨울에는 페인트가 얼 수도 있으므로 실내에서 보관하는 것이 좋다.

2 페인트 도구 관리

페인팅 작업이 끝나면 도구에 묻어 있는 페인트가 굳기 전에 미지근한 물로 말끔히 세척을 한 다음 2시간 정도 깨끗한 물에 담가두었다가 건조시키면 오랫동안 사용할 수 있다. 만약 오일 성분이 들어간 유성 페인트 혹은 오일 스테인 등을 발랐다면 시너로 세척해야 기름 성분이 빠진다.

3 페인트 칠하기

수성 스테인 목재 고유의 나뭇결을 살리면서 원하는 색을 입힐 수 있는 착색제.

❶ 우선 원하는 컬러를 선택한 다음 취향에 따라 스펀지붓이나 일반 스펀지를 선택한다.

❷ 그 다음에는 목재 표면을 사포(220~320방 정도)로 매끈하게 다듬은 후 먼지를 털어낸다.

❸ 수성 스테인은 목재에 빠르게 흡수되면서 마르기 때문에 재빨리 도색하는 것이 포인트. 이때 목재의 결 방향으로 최대한 얇게 페인트를 칠해야 얼룩이 생기지 않는다. 1회 도색을 하고 건조시킨 후 만져보면 표면이 보푸라기처럼 거칠어져 있다. 거친 면을 사포(400방 정도)로 매끈하게 다듬은 후 페인트를 2회 더 칠한다. 기본 2~3회 칠해야 페인트 본연의 색감을 얻을 수 있다.

쭌사마's tip 페인팅을 하기 전에 분무기로 나무에 물을 살짝 뿌려주면 얼룩 없이 잘 칠할 수 있어요.

❹ 페인트칠이 완료되면 도색 과정에서 생긴 붓자국이나 기포를 600방 이상의 사포로 가볍게 다듬어준다. 가구를 오랫동안 사용하고 싶다면 바니시(코팅제)를 2~3회 바른다. 바니시를 바를 때는 나뭇결에 관계없이 뭉치지 않도록 얇게 바르면 된다.

쭌사마's tip 요즘은 바니시 성분이 들어 있는 편리한 페인트도 있지만 취향에 따라 더 강력한 코팅을 원한다면 추가로 바니시를 도포해도 좋아요.

가구용 수성 페인트 싱크대, 문짝, 가구 등에 원하는 컬러를 칠하기 좋은 도료.

❶ 기존 가구나 방문, 싱크대의 색을 바꾸고 싶다면 제일 먼저 사포(220방 정도)로 칠할 가구의 표면을 전체적으로 샌딩한 다음 먼지를 털어낸다. 이렇게 해야 페인트의 흡착력이 높아진다. 초벌제로 젯소(프라이머)를 1~2회 얇게 바른다. 젯소란 페인트가 가구에 제대로 흡착될 수 있도록 해주는 베이스 역할을 한다. 젯소가 건조되고 나면 원하는 컬러의 페인트를 밑 색이 보이지 않을 때까지 얇게 바른다(보통 2~3회 도포). 페인트를 너무 두껍게 바르면 뭉침이나 흘러내림의 현상이 생길 수 있으므로 얇게 골고루 바르는 것이 포인트.

❷ 젯소 위에 페인트를 3회 바르고 건조시키는 모습이다. 페인트는 바르는 횟수가 많을수록 건조도 충분히 해주어야 한다.

❸ 건조가 끝나면 400방 이상의 사포로 가볍게 표면을 다듬어준 후 바니시를 2~3회 칠하고 마무리한다.

오일 스테인

오일 스테인은 목재 고유의 나뭇결을 살리면서 색을 입히는 착색제다. 수성 스테인과는 달리 유성 착색제이기 때문에 피막효과를 동시에 가지고 있어 오일 스테인을 사용할 경우 바니시 코팅을 생략해도 된다.

❶ 원하는 컬러와 도구를 선택한다. 붓이나 거즈를 사용해도 되지만 저렴한 스펀지를 이용해도 오일 스테인이 잘 먹는다. 게다가 오일 스테인은 유성 도료라 붓을 사용한 다음 시너로 세척하는 게 번거롭기 때문에 필요할 때마다 스펀지를 잘라 사용한 다음 그대로 버리는 편이 더 편리하다.

❷ 오일 스테인은 오일 특유의 냄새가 날 수 있으므로 환기가 잘 되는 곳에서 작업하는 것이 중요하다. 작업할 장소를 정했다면 목재 표면을 사포(220~320방 정도)로 매끈하게 다듬은 후 먼지를 털어낸다. 스펀지에 페인트를 묻힌 후 나뭇결 방향으로 1회 얇게 도포한다. 도구를 스펀지로 정했다면 비닐 장갑을 끼고 작업하는 것이 좋다. 1회 칠한 다음 건조시키고 손으로 만져보면 표면이 보푸라기처럼 거칠어져 있다. 거칠어진 면을 사포(400방 정도)로 매끈하게 다듬은 다음 1회 더 칠한다.

❸ 페인트칠이 완료되면 400방 이상의 사포로 가볍게 표면을 한 번 더 다듬은 후 마무리한다.

스텐실로 장식하기

스텐실은 글자나 숫자, 그림 따위의 모양을 오려낸 후 그 구멍 속에 페인트나 물감 등을 찍어내는 기법이에요. 가구나 소품을 만들 때 포인트로 활용하면 무척 좋아요.

스텐실하기 | Material 프린트된 용지, 커터 칼 또는 스텐실 전용 칼, 페인트(또는 아크릴 물감), 스텐실용 붓, 마스킹 테이프, 휴지, 트레이

❶ 원하는 그림이나 숫자, 또는 무늬를 프린트로 인쇄한다. 같은 도안을 오랫동안 사용하고 싶다면 넓은 투명 테이프를 프린트된 용지 위에 붙여 마치 코팅하듯 만들어주면 좋다.

❷ 커터 칼로 인쇄물을 자를 경우 구멍이 뻥 뚫려버리는 숫자나 문자에는 사진과 같이 연필로 미리 표시해두고 잘라내야 한다. 실수로 표시해둔 선을 자를 수 있으니 집중해서 작업한다.

❸ 스텐실 도안 자르기를 완성한 모습이다.

❹ 스텐실을 할 위치를 잡은 다음 마스킹 테이프로 도안을 고정해서 움직임을 방지한다.

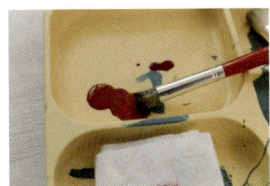

❺ 스텐실을 찍기 위해 휴지와 아크릴 물감 또는 페인트, 그리고 스텐실용 붓 등의 도구를 미리 준비한다. 트레이 위에 페인트를 소량 덜어낸 다음 스텐실용 붓에 페인트를 묻힌다.

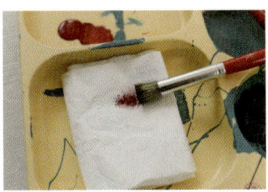

❻ 붓에 묻은 페인트는 수분이 없도록 하기 위해 휴지에 톡톡 쳐서 끝을 매트하게 만든다. 붓에 페인트가 지나치게 많이 묻었거나, 물기가 있는 붓으로 작업을 하면 옆으로 번질 수 있으므로 조심한다.

❼ 도안의 구멍을 메워준다는 느낌으로 톡톡 쳐서 색을 넣는다.

❽ 페인트가 어느 정도 건조되고 나면 도안을 떼어내서 완성한다.

블로그 이웃들의 Q&A

Q1_ 목재와 재료 구입은 어디서 하나요?

A 요즘은 온라인 쇼핑몰이 잘 되어 있어서 인터넷 주문을 통해 구입하는 경우가 많아요. 특히 목재의 경우는 절단 서비스를 해주는 곳이 많아서 가구 만들기가 이전보다 훨씬 더 편해졌어요.

집 근처에 목재소가 있다면 온라인보다 조금 더 저렴하게 구입할 수도 있겠지만 대부분 절단을 해주지 않고 큰 판재 단위로 판매하기 때문에 운송부터 힘들어질 수 있어요. 목재소에 따라서 운송비를 따로 받는 곳도 있는데, 이 비용도 만만치 않거든요. 그러니 작은 목재들이 필요한 경우라면 온라인 쇼핑몰을 활용하는 것이 더 편해요. 그래도 목재소 단골이 되면 온라인보다 저렴하게 구입이 가능하니, 자신의 상황에 맞춰 선택하시면 됩니다.

Q2_ DIY를 시작하고 싶어요. 처음에 필요한 수공구와 전동 공구는 어떤 것이 있을까요?

A 처음 시작할 때는 수공구부터 시작하는 게 좋아요. 막상 시작해 보니 DIY가 내 적성에 맞지 않을 수도 있거든요. 우선 DIY가 내 적성에 맞는지 테스트도 해볼 겸 수공구로 작업을 해본 다음 재미가 붙으면 그때 전동 공구를 하나씩 구입하면 돼요.

수공구로 작업을 하다 보면, 나에게 필요한 전동 공구가 무엇인지도 알 수 있게 돼요. 전동 공구는 수공구에 비해 가격이 비싸잖아요. 괜히 처음부터 비싼 물건을 샀다가 적성에 맞지 않아서 창고에 넣어두는 일은 없어야겠죠.

Q3_ 다양한 가구를 매번 생각해 내는 노하우가 궁금해요. 팁을 좀 알려주세요.

A 그냥 열심히 작업해 보고 경험을 많이 해보는 것이 가장 중요한 노하우예요. 그리고 제 경우, 직접 만들기를 하지 않을 때도 자료 수납을 많이 해두는 편이에요. 다른 사람들이 만든 작품은 물론 인터넷이나 잡지 등을 통해 접할 수 있는 내 스타일의 인테리어 사진을 자주 찾아보죠.

뿐만 아니라 마음에 드는 소품이나 가구 등을 갖추고 있는 인테리어 관련 쇼핑몰도 즐겨찾기를 해두고 자주 구경을 해요. 눈으로 익혀 두면 감각을 기르는 데도 도움이 돼서 나중에 작업할 때 다양한 아이디어를 낼 수 있게 되거든요.

Q4_ 셀프 인테리어를 하고 싶은데 엄두가 안 나요. 어디서 어떻게 시작해야 좋을지도 모르겠구요. 비용 역시 부담스럽네요.

A 짧은 시간에, 적은 비용으로 집 안 분위기를 효과적으로 바꾸고 싶다면 페인팅을 권해 드리고 싶어요. 집 안 전체를 모두 페인팅 하려면 비용도 비용이지만 몸이 너무 고달파요. 그러니 시작은 벽 하나 정도 포인트를 주는 것으로 해보세요.

처음엔 벽 하나, 나중에 여유가 되면 공간을 하나씩 늘리면서 전체 분위기를 새롭게 바꿔보는 것도 나쁘지 않아요. 살면서 집을 꾸미는 일, 생각보다 힘들 때가 많아요. 무엇이든 한꺼번에 끝내려 하지 말고, 천천히 하나씩 해보시길 권해 드려요.

Q5_ 쭌사마님처럼 가구 만들기를 하고 싶어요. 어떻게 시작하면 될까요?

A 작은 소품이라면 모를까 가구는 제대로 만드는 순서를 알아두면 일이 훨씬 편해져요. 그래서 빠른 습득을 원한다면 집 근처 공방에서 기본이라도 배우고 시작하는 게 실수를 줄일 수 있는 길이에요.

그래도 바쁘고, 근처에 공방이 없어서 독학을 해야 한다면 다른 사람들이 만든 작품을 보고 따라 하는 것도 좋아요. 요즘은 저의 경우처럼, 블로거들이 상세하게 만드는 법을 알려주고 있는 사이트가 많으니 이것을 적극 활용해 보세요.

독학으로 작업을 하다 보면 그때그때 자신에게 필요한 정보도 수집해야 하고, 시행착오로 인해 시간이 많이 걸릴 수도 있다는 점을 항상 기억하세요. 하지만 그 시행착오도 나중엔 자신만의 자산이 되니 마음의 여유를 가지고 즐기면서 작업한다면 충분히 행복할 수 있어요.

반제품, 혹은 집에 있는 소가구 중 싫증 난 것이 있다면 경험 삼아서 이것들을 페인팅으로 리폼해 보기를 권해요. 덩치가 큰 가구에 먼저 손을 댔다가 실패하면 상실감이 훨씬 더 크거든요. 그러니, 버리긴 아깝고 계속 쓰기에는 지겨운 소가구가 있다면 우선 연습을 해보세요. 페인팅에 재미가 붙고 결과물에 만족한다면 자신이 직접 조립하는 가구 만들기에 욕심이 생기게 마련이에요. 시중에서 판매하는 반제품 역시 종류가 다양해서 초급, 중급, 고급으로 나뉘어 있어요. 작은 것부터 하나씩 경험해 보면 좋아요. 결국, 시간이 걸리더라도 직접 만들어보는 경험을 많이 하는 것이 가장 중요해요.

내 손으로 집수리 시작해 보기

집 단장을 시작할 생각이라면?
쭌사마의 경험담 미리 듣기

인테리어를 전공한 것도 아니고, 인테리어 관련 업무를 직업으로 가졌던 것도 아니면서 저는 도대체 무슨 배짱이었을까요? 도배 하나만 새로 하려고 해도 어떤 벽지를 고르는 게 좋을지 여간 망설여지는 게 아닌데… 어쩌다 보니 저 혼자 집을 다 뜯어고치고 있는 형국이 되어 있더라, 이거죠.

할 수 없다고 여겨지는 일이 수도 없이 많은 게 인생이지만, 그래도 용기를 내어 보면 어설프기는 해도 내 힘으로 할 수 있다는 자신감이 생깁니다. 집을 단장하는 일이 제게 그런 가르침을 주었나 봅니다. 게다가 시간을 가지고 차근차근, 서두르지 않고 하나씩 하나씩 단장하다 보면 점점 더 용기가 생깁니다. 큰돈 들여서 전문가에게 맡기면 뚝딱 끝날 일이지만, 그럴 여유 없이 사는 우리들은 마치 소꿉놀이라도 하듯 조물조물 고치고 빛내주면서 삶의 공간을 단장해 가는 게 제격이니까요.

그런 마음으로 오랜 시간에 걸쳐 매만져준 우리 집. 사실은 지금도 현재 진행형입니다. 아직도 저는 틈만 나면 집을 수리하고, 가구를 만들고, 소품을 빚어 덧대면서 뿌듯함을 만끽하고 있으니까요. 잘못해서 망치면 어쩌나, 하는 걱정도 하지 않습니다. 망치면 또다시 하면 되니까요.

마감재에서부터 방문과 창문, 현관, 주방 싱크대 리폼, 그리고 소소하게는 전구 몇 점 달아주는 일까지… 내 손으로 완성한 집 꾸밈 방법들을 소개하려고 합니다. 저는 전문가가 아니라서 만드는 과정에 일관성이 없고, 제멋대로인 경우도 다반사입니다. 그래도 어찌어찌 하다 보면 끝내 완성은 되더군요. 혹여 제가 소개한 방법들이 성에 차지 않으셔도 너무 호되게 꾸짖지는 않으셨으면 좋겠습니다. 왜냐하면 저는 그냥 보통 아줌마, 쭌사마니까요.

앞장에서 소개한 저희 집 구석구석, 만들기가 가능한 부분들은 따로 묶어 두었으니 모처럼 도전해 보고 싶은 마음이 생기는 날에는 핸드메이드 페이지들을 따로 열어주시면 될 것 같습니다. 그럼 어디 한번 시작해 볼까요?

01 아치형 입구 만들기

Material
목재 : 나무판자(삼나무, 미송 합판 18T), 미송 합판 4.8T
공구 : 직소기, 전기 타커
페인트 : 클라우드 화이트(벤자민무어)
부자재 : 본드, 꺾쇠, 페인팅 붓

how to make

1 아파트에 처음부터 있던 미닫이문을 떼어낸 뒤 미송 합판을 붙여 패널처럼 장식했던 모습이다.

2 기존에 붙여 두었던 미송 합판은 간격을 띄워서 붙였는데, 간격 없이 다시 붙이기 위해 떼어 둔다.

3 아치형 모양을 만들기 위해 자투리 목재를 배열하는데, 같은 두께로 4장을 준비한다(넓은 판재를 사용하면 더 편리하다).

4 배열한 목재에 라운드 모양으로 스케치를 한 다음 직소기를 이용해서 자른다. 자른 목재에 보강목을 덧대고 본드와 타커로 단단하게 고정해 둔다.

5 아치 형태의 면이 넓은 위쪽은 문틀에 꺾쇠를 끼워 고정하고, 아래쪽은 타커로 고정한다.

6 문틀의 앞쪽과 뒤쪽은 같은 방법으로 고정한다. 또 다른 한쪽 문틀에도 아치형 판자를 붙여서 사진과 같은 모습으로 완성한다.

7 아치형 판자의 앞판과 뒤판 사이에 드러난 문틀은 나무 패널로 빙 둘러가면서 막는다. 나무를 잘라서 본드와 타커를 이용해 홈이 생기지 않도록 촘촘하게 부착하는 것이 방법.

8 나무 패널을 다 붙이고 난 뒤 흰색 페인트로 칠한다. 칠하고 나서 어느 정도 마르면 다시 칠하는 식으로 3회 정도 반복하면 깔끔하게 마무리된다.

02 베란다 장식 창 세우기

Material
목재 : 방문용 미닫이문 2짝
공구 : 톱, 드라이버
페인트 : 젯소(벤자민무어 스틱스), 창틀용 페인트
(벤자민무어 리갈 2133-20 Black jack)
부자재 : 경첩, 꺾쇠, 장식용 몰딩, 실리콘, 목재 메움이(필러),
불투명 접착 시트지, 분무기, 시트지용 밀대, 자, 페인팅 붓, 커터 칼

how to make

1 우선 나무 미닫이문을 준비한다. 내 경우에는 거실에서 떼어낸 하얀색 미닫이문 두 짝을 활용했지만, 없는 경우에는 재활용 매장에서 문짝을 헐값에 구매해도 좋다.

2 미닫이문 아래쪽에 달려 있는 롤러식 바퀴를 제거한다.

3 기존의 창문 프레임에 나무문을 톡톡 쳐서 끼운 뒤 고정될 수 있을 정도의 사이즈를 제외하고 남는 부분은 자른다.

4 경첩을 창틀과 문에 고정시켜 단단하게 부착한다. 나는 튼튼하게 고정하기 위해서 집 안에 있던 꺾쇠를 죄다 꺼냈다. 문짝이 쏟아지는 대형 사고(?)는 피해야 한다는 유비무환 정신으로!

5 문짝에 문양을 더하기 위한 장식용 몰딩을 준비해 문짝의 중앙 부분에 세로로 부착한다. 실리콘을 이용해 유리에 부착하는 것이 방법.

6 두 개의 나무 문짝에 몰딩 장식을 더해서 거실 창으로 고정시킨 모습. 두 짝의 문을 연결하고 보니 문짝과 문짝 사이에 틈이 생겼다. 목재 메움이를 발라 꼼꼼하게 메워준다.

7 문틀 전체에 초강력 젯소를 1회 칠한 뒤 마르면 원하는 색상의 페인트를 칠한다. 내 경우에는 젯소와 페인트 모두 친환경 제품인 '벤자민무어'를 사용했다. 젯소는 벤자민무어의 스틱스 1회, 페인트는 리갈 2133-20(Black jack)을 총 3회 칠했다.

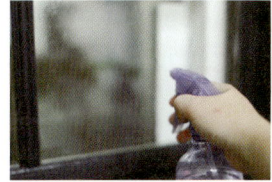

8 문짝의 하단 부분 유리에 불투명 접착 시트지를 붙인다. 시트지는 창 사이즈보다 조금 여유롭게 자르고, 물이나 비눗물을 분무기로 창에 뿌린 후 부착하는 것이 방법.

9 시트지를 잘 맞춰 붙인 후 남는 부분은 커터 칼로 자른다. 시트지 안쪽에 생기는 기포는 시트지용 밀대로 밀어서 빼준다.

03 벽면에 샌드페인트 칠하기

Material
페인트 : 샌드페인트(벤자민무어 텍스처 샌드페인트 화이트),
벽지용 수성 페인트(벤자민무어 내추라 페인트 AF-20)
부자재 : 페인팅 붓 & 롤러, 스펀지, 페인트 트레이, 커버링 테이프

how to make

1 페인트를 칠할 벽면을 깨끗하게 정리한다. 페인트를 벽지 위에 직접 바를 때, 벽지가 찢어져 있거나 벽이 심하게 패인 곳이 있으면 핸디코트를 부분적으로 발라 매끈하게 만들어주는 것이 좋다. 내 경우에는 파벽돌이 붙어 있던 터라, 그것을 떼어내는 작업부터 시작했다.

2 페인팅을 시작할 부분의 벽과 맞닿아 있는 바닥에 커버링 테이프를 붙인 뒤 비닐을 넓게 펼쳐 바닥에 페인트가 튀지 않게 밑 준비를 한다. 커버링 테이프가 없을 때는 신문을 펼치고 마스킹 테이프로 고정시켜도 무방하다.

3 페인트를 덜어서 사용할 트레이를 준비한다. 트레이에 비닐을 씌우고 페인트를 부으면 트레이를 계속 쓰기 편리하다.

4 모서리 부분부터 샌드페인트를 칠하기 시작한다. 롤러로 꼼꼼하게 칠하기 어려운 부분이므로 붓으로 미리 외곽부터 칠해 두는 것.

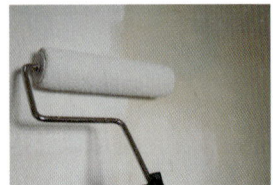

5 롤러를 사용해 안을 메워준다는 느낌으로 칠한다. 샌드페인트는 일반 벽지용 페인트처럼 벽지 위에 바로 작업할 수 있다. 먼저 롤러로 1회 도색한 후 알갱이들이 벽에 완전히 붙을 수 있도록 3~4시간 정도 충분히 건조시킨 후 다시 한 번 도장한다.

6 두 번째 칠할 때는 알갱이들을 더 도드라지게 표현하기 위해 스펀지를 이용해 톡톡 찍어가면서 작업한다. 샌드페인트 느낌을 강조하기 위해 페인트를 듬뿍 찍어 묻힌다. 이렇게 2회 정도 더 칠한 후 하루 이틀 지나면 벽면에 알갱이가 제대로 흡착된다.

7 백색 샌드페인트에 조금 더 따뜻한 느낌을 더하기 위해 일반 벽지용 페인트 백색을 한 번 더 바른다. 샌드페인트가 완전히 마르면 한 번 더 발라 완성한다.

04 앤티크 조명 소켓 만들기

Material

페인트 : 젯소, 부식 페인트(진회색), 래커 스프레이(골드), 바니시, 부식 용액(파란색)
부자재 : 검은색 소켓, 페인팅 붓, 꽈배기 모양 전선(취향대로 선택한다), 촛불 모양 전구

how to make

1 검은색 소켓과 함께 젯소, 부식 페인트, 페인팅 붓을 준비한다.

2 소켓에 젯소를 칠한다. 젯소가 없을 때는 베이스인 진회색 부식 페인트를 2회 정도 발라주어도 된다.

3 진회색 베이스가 모두 건조되면 파란색 부식 용액을 1회 발라 부식의 정도를 살핀다. 1시간쯤 지나서 부식된 정도가 나타나면 자신이 좋아하는 느낌이 날 때까지 덧바른다.

4 내 경우에는 총 3회 바르고 말리기를 반복했더니 이런 색깔로 완성되었다.

5 부식 페인트를 바른 후 그 위에 금색 래커 스프레이를 살짝 뿌려서 빈티지 느낌을 더 강하게 살린다.

6 바니시를 1회 발라서 소켓 만들기를 마무리한다.

7 꽈배기 모양 전선을 준비한다. 꽈배기 모양 전선은 원하는 길이에 맞춰 3개로 자른다.

8 각각 전선 끝부분의 피복을 벗긴다.

9 소켓 조명의 뚜껑을 열고 피복을 벗긴 전선을 연결한다.

10 사진 순서대로 레일용 플러그를 조립한다.

11 한쪽에는 소켓을, 한쪽에는 플러그를 연결한 모습.

12 일반 알전구 대신 촛불 모양의 전구를 준비해서 소켓에 연결해 앤티크 조명을 완성한다.

05 앤티크 소켓 전구, 레일에 달기

Material
공구 : 드릴 또는 드라이버
부자재 : 조명 부속품, 온오프 스위치, 레일, 레일용 플러그, 나사못

how to make

1 조명 부속과 드릴 혹은 드라이버를 준비한다.

2 이것이 바로 전원과 마감 부속품.

3 전원 가운데 부분의 나사를 드릴로 풀고, 윗부분의 케이스를 분리한다.

4 온오프 스위치 선의 끝부분 피복을 칼로 벗겨서 2줄의 전선을 빼놓는다.

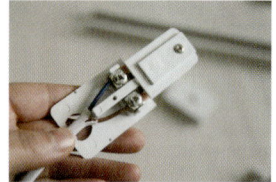

5 ③에서 케이스를 분리해 놓은 전원의 나사를 풀고 온오프 스위치의 전선을 나사 밑으로 넣어 감아준 다음, 다시 나사를 조여 전선이 빠지지 않도록 조인다.

6 전원의 케이스를 덮고 다시 나사를 조여서 연결시킨다. 사진 속의 나사가 풀려 있는 부분이 레일에 끼워질 위치다.

7 사진처럼 전원 부분을 레일에 끼운 다음 나사를 단단히 조인다.

8 반대편 마감 부속품도 마찬가지로 끼워질 부분의 나사를 조금 풀어서 끼운 후 꽉 조인다.

9 레일 안쪽으로는 따로 나사못 구멍이 없으므로 나사못을 조여줄 곳에 미리 못으로 구멍을 뚫어준 후 벽에 고정시키면 편리하다.

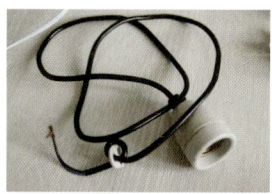

10 레일에 설치할 조명. 끝부분의 피복을 벗겨둔다.

11 레일용 플러그 모습.

12 플러그의 양쪽 나사를 풀어서 설치할 조명의 전선을 나사 밑으로 넣은 후 빠지지 않도록 나사를 조인다.

13 나사를 조여서 케이스를 고정시킨다.

14 레일에 플러그를 끼운 후 스위치를 돌리면 장착이 완료된다.

15 온오프 스위치의 플러그를 콘센트에 꽂는다.

16 스위치를 켰을 때 불이 들어오면 완성!

06 나무 프레임 소파 만들기

Material
목재 : 상판 지지대(레드시다 26T, SPF 건조목 36T),
소파 상판(레드시다 38T), 팔걸이 & 다리(레드시다 26T)
공구 : 이중 드릴 비트, 다보 톱
페인트 : 수성 스테인(벤자민무어 아보코트 투명 스테인)
부자재 : 본드, 나사못, 꺾쇠, 목심, 사포

Furniture Drawing

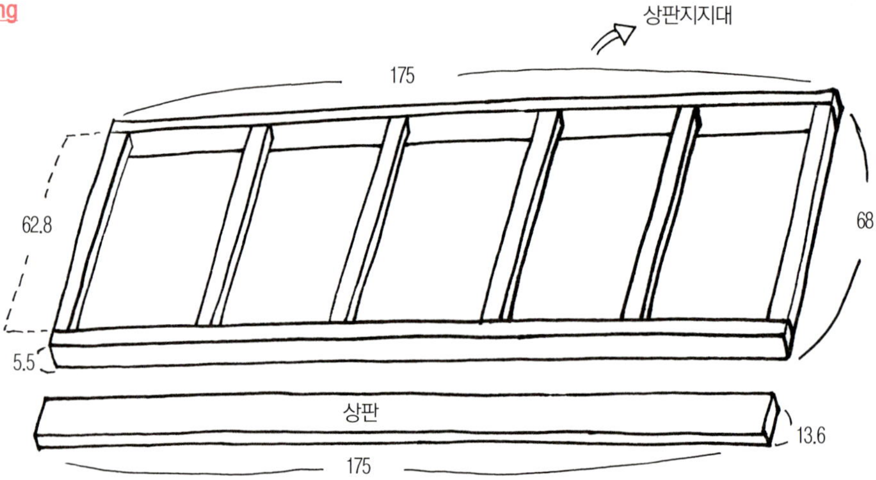

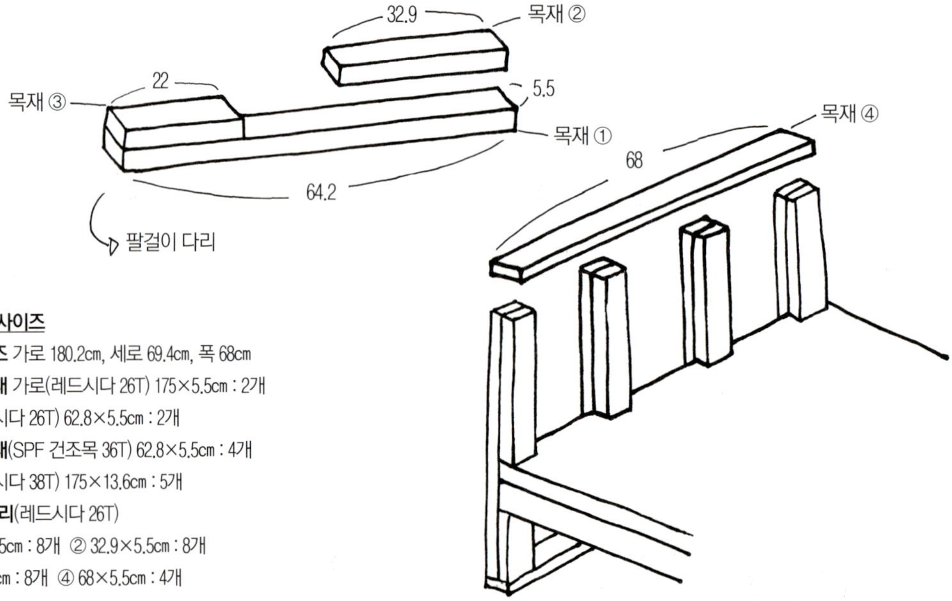

상판지지대
175
62.8
68
5.5
상판
175
13.6

32.9 목재 ②
목재 ③ 22
5.5
목재 ①
64.2
팔걸이 다리

목재 ④
68

목재 상세 사이즈
전체 사이즈 가로 180.2cm, 세로 69.4cm, 폭 68cm
상판 지지대 가로(레드시다 26T) 175×5.5cm : 2개
세로(레드시다 26T) 62.8×5.5cm : 2개
중앙 지지대(SPF 건조목 36T) 62.8×5.5cm : 4개
상판(레드시다 38T) 175×13.6cm : 5개
팔걸이&다리(레드시다 26T)
① 64.2×5.5cm : 8개 ② 32.9×5.5cm : 8개
③ 22×5.5cm : 8개 ④ 68×5.5cm : 4개

※도면의 모든 치수의 단위는 cm입니다(이하 동일).

how to make

1 조금 두꺼운 목재를 준비했다. 이번에 사용한 것은 레드시다 수종. 인터넷 쇼핑몰을 이용해 절단 서비스까지 받아서 만들기 준비 끝.

2 제일 먼저 할 일은 상판 지지대를 만드는 일. 절단 서비스를 받은 목재의 모양을 잡은 뒤, 본드를 바른다.

3 각 지지대가 맞붙는 곳에 이중 드릴 비트로 구멍을 내고 나사못으로 고정한다.

4 상판의 지지대 프레임을 사진과 같이 ㅁ자 모양으로 고정해 완성한다.

5 상판의 중앙 부분에 SPF 건조목을 잘라 고정시켜 준다. 보이지 않는 부분은 비싼 나무 대신 값이 저렴한 일반 건조목을 사용해도 무방하다.

6 본드와 나사못으로 상판 지지대와 가운데 부분에 들어갈 목재를 튼튼하게 고정한다.

7 ㄱ자 모양의 꺾쇠를 준비한다.

8 침대나 소파 등은 다른 가구에 비해 하중을 오래 견딜 수 있도록 중간중간에 꺾쇠를 넣어서 고정시킨다.

9 상판이 될 레드시다를 바닥에 빈틈없이 펼치고, 그 위에 방금 만든 지지대의 네모 프레임을 꼭 맞춰 올린다.

10 나사못으로 고정시킨다.

11 다리를 만들기 위해 긴 목재 ①과 짧은 목재 ③(22cm)을 먼저 결합시킨다. 여기서 ①, ③은 일러스트 그림을 참고한다.

12 길이가 짧은 부분이 아래로 가게 해서 두 개의 나무를 고정시킨다.

13 준비한 목재를 벤치 옆 부분에서 나사못으로 고정시켜 다리와 팔걸이를 만든다.

14 모서리 4곳에 기본 다리가 고정된 모습이다. 그리고 팔걸이 쪽에 목재 ②(32.9cm)를 결합시킨다.

15 나머지 다리와 팔걸이를 고정시켰다.

16 다리와 팔걸이 위아래에는 목재 ④를 나사못으로 결합시킨다.

17 목심으로 나사못 자리 구멍을 메워준다.

18 본드를 넣고 목심으로 고정시킨 다음 본드가 건조되면 다보 톱으로 남은 부분을 잘라준다. 목심을 잘라준 부분은 매끈하게 사포질을 하고, 투명 스테인을 2회 바른다.

07 심플 우드 침대 만들기

Material

목재 : 프레임(미송 집성목 38T), 침대 안쪽 구조물(SPF 건조목 36T), 갈빗살(SPF 건조목 18T)
공구 : 이중 드릴 비트, 모서리 대패
페인트 : 수성 스테인(벤자민무어 아보코트 투명 스테인)
부자재 : 본드, 나사못, 꺾쇠, 페인팅 붓, 사포

목재 상세 사이즈

프레임(미송 집성목 38T)
가로 202.4×30cm : 2개, 세로 161.5×30cm : 2개

침대 안쪽 구조물(SPF 건조목 36T)
가로&중간 195.2×8.6cm : 4개, 세로 153.9×8.6cm : 2개

갈빗살(SPF 건조목 18T) 153.9×9cm : 12개

Furniture Drawing

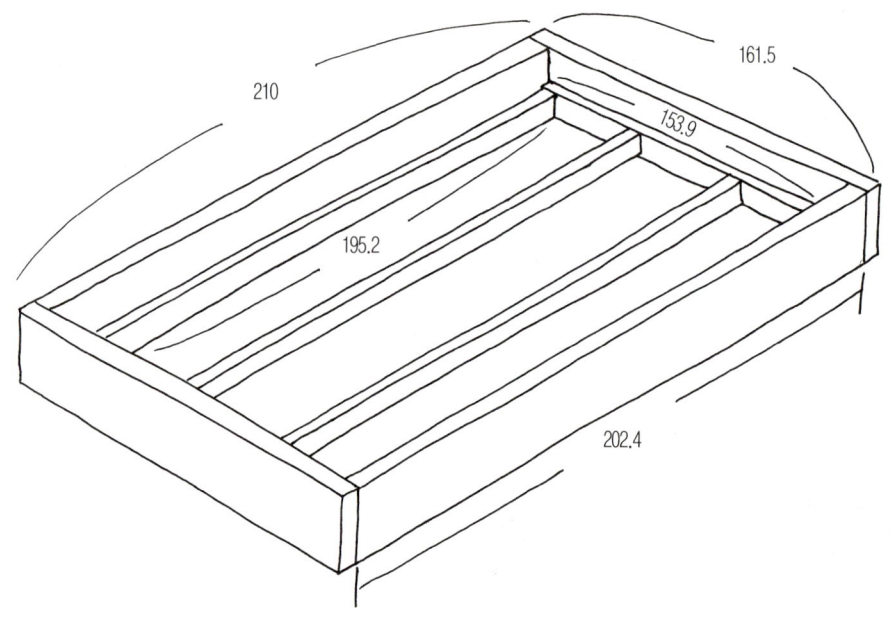

how to make

1 치수를 계산하는 일이 조금 복잡하더라도 가구를 만들기 전에는 반드시 도면을 그리는 것이 중요하므로 책에 소개된 도면대로 목재를 준비한다. 목재는 절단 서비스를 받아 주문하는 것이 방법이다.

2 프레임용 미송과 구조물용 목재를 결합한다. ㄱ자 모양으로 결합시키기 위해 미송 판재의 두께(38T)만큼 간격을 띄운 뒤 고정시킨다.

3 본드와 이중 드릴 비트 작업 후 나사못으로 고정시킨 다음 침대 프레임 4면을 맞붙여 침대 모양을 잡아준다.

4 ㄱ자 모양으로 조립한다. 프레임 밖에서 나사못을 박는 작업을 하면 보기 싫을 것 같아서 안쪽에서 꺾쇠로 연결해 주었다. 꺾쇠는 사이즈가 큰 것을 선택해 침대의 하중을 제대로 견딜 수 있게 한다.

5 꺾쇠는 바닥에 하나, 위쪽에도 하나, 두 번씩 연결한다.

6 사진은 침대의 헤드 부분. 중간 골조재는 목재를 절약하기 위해 남은 나무를 연결해서 사용한 것. 하나로 연결되어 있는 골조재를 써도 좋지만, 이 정도의 틈은 별 무리가 없으므로 자투리 나무를 활용해도 괜찮다(도면에는 연결되어 있는 목재 사이즈로 기재 되어 있다).

7 기본 틀이 완성된 모습.

8 가운데 부분에 11자 모양으로 골조재를 고정한 다음 이 부분 역시 꺾쇠로 연결한다.

9 갈빗살을 연결할 차례. 통판으로 할 수도 있지만, 갈빗살을 이용하면 목재 값을 아낄 수 있어 좋다.

10 갈빗살 역시 이중 드릴 비트와 나사못 박는 작업으로 연결한다.

11 갈빗살 연결이 모두 끝난 모습.

12 프레임의 모서리 부분이 날카롭기 때문에 모서리 대패를 이용해서 깎아주는 것이 안전상 좋다.

13 모서리 부분이 다듬어진 상태. 칠하기 전 사포로 문질러 준다.

14 이제는 도색을 할 차례. 나는 벤자민무어의 아보코트 투명 스테인을 발랐다. 이 제품은 바니시가 따로 필요 없어서 좋고, 투명이라서 미송의 느낌이 제대로 살아난다.

15 총 3회 정도 칠해서 완성한다.

16 매트리스를 넣은 모습. 매트리스가 푹 꺼지지 않고 절반 이상 프레임 안쪽에 묻히는 형태라 안정적으로 보인다.

08 다용도실 문짝 리폼하기

Material
목재 : 리사이클 슬라이스 티크 9T
공구 : 전기 타커, 파워워크샵
페인트 : 바니시(벤자민무어 저광 바니시)
부자재 : 실리콘, 글루건, 목공용 본드, 페인팅 붓

how to make

1 이 집에 이사 와서 처음으로 리폼한 문짝이다. 변화를 주기 위해 모두 뜯어냈다.

2 말끔하게 뜯어진 모습. 전체적으로 걸레질을 하고 작업 준비를 한다.

3 고재 리사이클 슬라이스 티크를 파워워크샵으로 얇게 자른다.

4 ③에서 나온 얇은 졸대는 기존 문짝의 두께에 덧대는 용도로 사용.

5 전체적인 고정을 위해 글루건과 투명 실리콘을 준비한다. 우선 졸대에 투명 실리콘과 글루건을 쏘아 재빨리 붙인다. 글루건을 같이 사용하는 이유는, 투명 실리콘을 단독으로 사용할 경우 굳는 데 시간이 오래 걸리기 때문이다. 투명 실리콘과 글루건을 함께 사용하면 빨리 굳어서 모양을 잡기가 편하다. 같은 방법으로 두께를 표현하는 졸대를 모두 고정시킨다.

6 앞쪽에 붙일 목재도 문의 폭에 맞게 자른 후 양옆을 본드와 전기 타커로 고정시킨다.

7 위아래 쪽도 ⑥번과 같은 방법으로 목재를 고정시킨다.

8 문의 기본 프레임에 목재가 부착된 모습.

9 하단 쪽에는 원하는 세로 길이만큼 목재를 잘라 글루건과 실리콘을 쏘아서 붙인다. 상단 부분에는 격자 문양 틀을 붙인다. 유리가 있는 부분이라 타커로 고정시킬 수 없으므로 글루건과 투명 실리콘을 사용한다. 도색은 저광 바니시 2회로 마무리했다. 바니시를 바르면 목재의 색이 조금 더 진하게 변해서 빈티지한 느낌이 강해진다.

09 싱크대 리폼하기

Material
목재 : 문짝(MDF 9T, 폭 7cm)
공구 : 전기 타커, 모서리 대패
페인트 : 젯소(벤자민무어 스틱스), 하부장 문짝(벤자민무어 리갈 페인트 208 Da Vinci's canvas), 상부장 문짝(제너럴피니시 밀크 페인트 앤틱 화이트), 바니시
부자재 : 목공용 본드, 커버링 테이프, S자 고리 여러 개, 페인팅 붓

how to make

1 우리 집의 기존 싱크대. 빛나리 아저씨 같은 반짝이 하이글로시 소재였다.

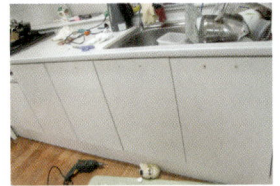

2 가장 먼저 상부와 하부장의 손잡이를 모두 떼어낸다.

3 MDF 목재는 싱크대 문짝 크기에 맞게 절단 서비스를 받아서 준비한다. 나뭇결을 살릴 것이 아니라면 저렴한 MDF를 사용해도 충분하다. 모서리 대패로 각을 주어 모양을 냈다. 대패가 없다면 바로 사용해도 된다.

4 ③을 싱크대 문에 목공용 본드와 타커를 이용해 고정시킨다.

5 목재를 다 붙인 모습. 상부장의 프레임에도 목재를 붙여준다.

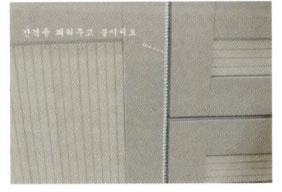

6 싱크대 문에 목재를 붙일 때는 문을 여닫는 것을 고려해 문짝의 경첩이 있는 부분에서만 10mm~15mm 정도 간격을 두어야 한다. 목재를 사이즈에 딱 맞춰 붙이면 문이 활짝 열리지 않을 수 있으므로 주의한다.

7 이제 도색할 순서다. 커버링 테이프를 붙이거나, 혹은 바닥에 신문지 등을 깔아서 페인트가 묻지 않도록 정리한다.

8 우선 젯소를 2회 칠한다. 하이글로시 싱크대는 원래 페인트가 잘 먹지 않으므로 초강력 젯소를 2회 정도 바르고 난 후 페인팅을 해야 한다.

9 젯소가 건조되면 하부장에 페인트를 칠한다. 페인트가 건조되면 바니시 작업을 2회 정도 더 한 다음, 손잡이를 달아준다.

10 상부장도 같은 방법으로 도색한다. 상부장에 사용한 페인트는 제너럴피니시 밀크 페인트 앤틱 화이트 컬러.

11 페인팅이 끝나고 난 후 물을 사용하지 않은 상태에서 잘 말린다.

12 상부장 아래에 반제품 양념 선반장을 달고, 그 아래에 다용도 걸이와 S자 고리를 부착해 컵 걸이로 사용한다.

10 다용도실 앞 가벽 세우기

Material
목재 : SPF 건조목 38T, 미송 합판 4.8T, 티크 고재 9T
공구 : 망치, 전기 타커, 이중 드릴 비트, 파워워크샵
페인트 : 샌드페인트(벤자민무어), 바니시(벤자민무어 고광 바니시), 핸디코트
부자재 : 목공용 본드, 나사못, 스펀지, 유리, 꺾쇠, 본드, 글루건, 실리콘, 페인팅 붓, 주걱(일본어로 헤라)

how to make

1 기존에 냉장고를 넣고 가벽을 세워두었던 자리. 좁은 부엌에 부피 큰 냉장고가 있으니 너무 답답해 보여서 냉장고를 베란다로 옮기고 이곳을 새롭게 단장하기로 마음먹었다. 제일 먼저 할 일은 청소. 벽에 붙여 두었던 패널도 떼어내고, 벽지도 모두 떼어냈다.

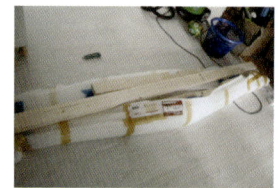

2 주방문 리폼을 위해 SPF 건조목을 구입했다. 시공할 위치의 사이즈를 미리 측정해서 목재를 절단 서비스 받아 구입했다.

3 기본 프레임을 조립할 차례. 프레임용 목재에 목공용 본드를 칠한 다음 이중 드릴 비트와 나사못으로 작업한다.

4 ㄱ-ㄷ-ㅁ 형태로 골조재를 조립한 다음 사진과 같이 가운데 가로목도 조립한다.

5 이때 상단에 유리를 붙일 사이즈를 생각해서 골조재를 연결해야 한다. 이 부분까지 작업한 다음 가벽을 설치할 곳의 위치를 잡아본다.

6 천장과 바닥 길이까지의 사이즈를 타이트하게 잡았기 때문에 망치로 톡톡 치면서 끼울 수 있다. 이 정도면 가벽이 쓰러지거나 할 정도의 큰 문제는 없다. 그래도 걱정이 된다면 천장과 벽면을 꺾쇠로 연결해 주면 된다.

7 그림과 같이 창문이 들어갈 위치에 세로목을 나사못 작업으로 고정한다.

8 가벽의 기본 틀이 세워지면 이제 살을 붙일 차례. 미송 합판 4.8T를 사이즈에 맞게 파워크샵으로 자른 후 하나하나 틀에 맞춰서 붙인다(통판으로 창문 구멍을 내고 붙여도 상관없다).

9 가벽은 물론 그 옆에 있는 벽도 핸디코트 작업을 해준다. 핸디코트는 주걱을 이용해서 원하는 무늬를 자유자재로 연출할 수 있어서 좋다.

10 처음에는 주걱으로 작업하고, 핸디코트가 마르기 전에 좀 더 거친 느낌으로 연출하고자 손으로 질감을 살려주었다. 핸디코트는 날씨와 장소에 따라 건조시키는 데 2~3일이 걸릴 때도 있다.

 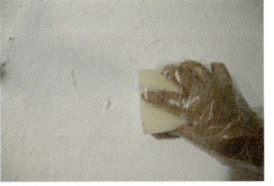  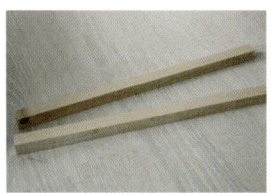

11 핸디코트가 잘 건조된 후 조금 더 독특한 질감을 내고 싶어서 벤자민 무어의 샌드페인트를 칠하기로 결정했다.

12 작은 모래 알갱이가 들어 있는 샌드페인트를 스펀지에 듬뿍 묻혀서 톡톡 치듯이 발라주고 건조시킨다. 샌드페인트는 붓으로 칠하는 것보다 스펀지를 이용하는 것이 질감을 제대로 나타낼 수 있어 훨씬 좋다.

13 냉장고가 있던 천장에도 기존의 천장 색과 같은 백색 페인트를 칠해주었다.

14 가벽 가운데 부분에 모양이 예쁜 창을 하나 냈다. 이곳에 유리를 끼우기 위해 졸대를 잘라서 준비한다.

15 졸대는 창틀 중앙의 상하좌우에 본드와 전기 타커로 고정시킨다.

16 유리는 말끔한 민무늬 대신 불투명한 감각의 무늬 유리를 선택했다. 글루건과 실리콘을 이용해 붙일 준비를 한다.

17 창틀로 사용할 고재는 파워크샵을 이용해 각각의 가장자리를 45도로 잘라둔다.

18 날카로운 면은 모서리 대패로 다듬는다.

19 고광 바니시를 1회 칠한 후 건조시킨다.

20 졸대를 고정한 곳에 글루건과 실리콘을 이용해 유리를 고정한다. 테두리의 고재도 같은 방법으로 붙여주면 완성.

11 키 낮은 주방 수납장 만들기

Material
목재 : 본체(스프러스 18T), 상판(레드파인 24T), 뒤판(미송 합판 4.8T), 서랍(스프러스 18T, 삼나무 18T, 9T), 문(스프러스 18T)
공구 : 이중 드릴 비트, 직소, 다보 톱, 전기 타커
페인트 : 스테인(벤자민무어 아보코트 스테인 옥스퍼드 브라운)
부자재 : 나사못, 목심, 본드, 사포, 플라스틱 레일, 글루건, 투명 실리콘, 경첩, 손잡이, 페인팅 붓, 장식용 유리, 원단 적당량

Furniture Drawing

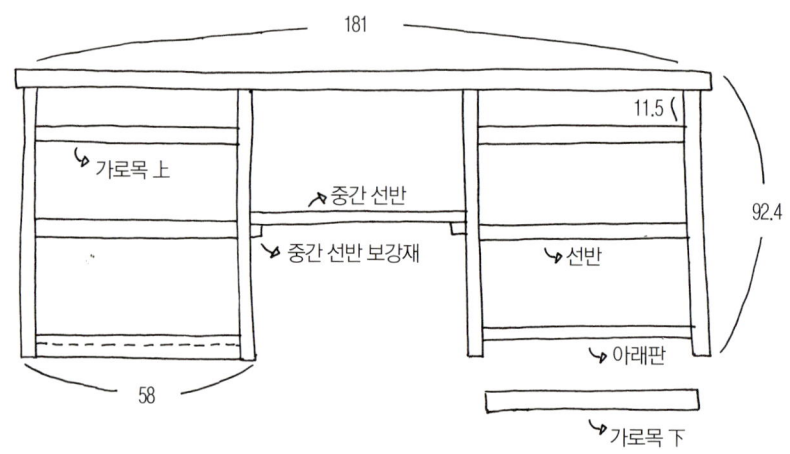

목재 상세 사이즈
전체 사이즈 가로 181cm, 세로 92.4cm, 폭 39cm
본체
상판(레드파인 24T) 181×39cm : 1개
옆(스프러스 18T) 90×36cm : 4개
아래&선반(스프러스 18T) 54.4×33.5cm : 4개,
가로목 상(스프러스 18T) 54.4×4.5cm : 2개,
가로목 하(스프러스 18T) 54.4×6cm : 2개,
옆 보강재(스프러스 18T) 33.5×2cm : 16개,
중간 선반(스프러스 18T) 62×33.5cm : 1개,
중간 선반 보강재(스프러스 18T) 33.5×2cm : 2개,
뒤(미송 합판 4.8T)
90×58cm : 2개(통으로 결합하는 것이 편리하다)
문
문(스프러스 18T) 67.4×54cm : 2개,
보강재(스프러스 18T) 50×3cm : 6개
서랍
앞(스프러스 18T) 54×11cm : 2개,
옆&칸막이(삼나무 18T) 34.2×8cm : 6개,
뒤(삼나무 18T) 53.4×8cm : 2개,
아래(삼나무 9T) 53.4×34.2cm : 2개
플라스틱 레일 32cm

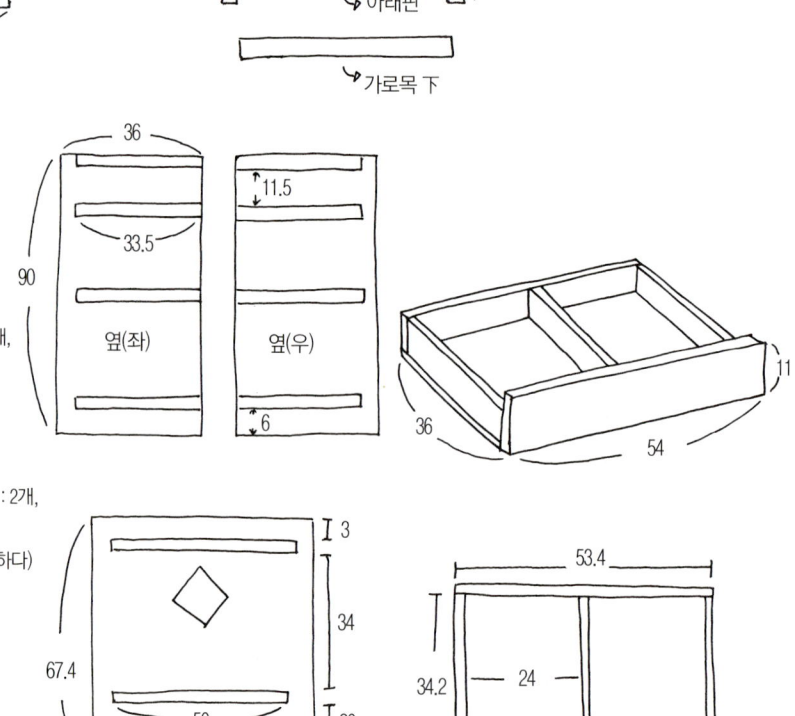

how to make

1 수납장의 본체(프레임)는 스프러스 수종을 사용하기로 했는데 폭이 넓은 판재가 없어서 여러 장의 판재를 이어 붙이기 위한 보강재를 준비했다(도면에는 편리를 위해 문짝을 통판 치수로 기재했다).

2 프레임용 목재인 스프러스를 나란히 붙여 배치한 후 단단하게 고정시키기 위해 보강재(튼튼하게 만들기 위해 가로로 덧댄 나무)에 본드를 칠해 붙인 후 보강재 위에 이중 드릴 비트 작업을 해서 구멍을 낸다.

3 보강재를 고정할 때는 선반과 위쪽 서랍 사이즈를 염두에 두고 작업해야 한다. 사진 오른쪽의 폭이 좁게 가로목을 댄 곳은 서랍이 들어갈 자리, 폭이 넓게 보강재를 댄 부분은 선반을 끼워 넣을 자리다(도면 참고).

4 양 옆판을 조립하고 나면 가운데 선반도 나사못으로 조립한다.

5 나사못 자국을 가려주기 위해 나사못 구멍에 본드를 바른 다음 목심을 미리 끼우고 망치로 톡톡 쳐서 빈틈 없이 만든 후 건조시킨다.

6 목심을 끼워서 완성한 모습.

7 정면에서 보았을 때 윗서랍과 아래 문짝의 경계가 될 부분에 보강재를 이중 드릴 비트 작업으로 설치하고, 이 공간에도 역시 목심을 끼운다.

8 곳곳의 목심이 건조되면 돌출된 부분은 톱으로 자른 후 고운 사포로 표면을 정리한다. ⑦까지의 과정으로 똑같은 가구 2개를 만든다.

   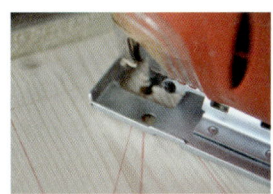

9 이번에는 문짝을 만들 차례. 문도 역시 폭이 좁은 판재를 연결해서 만든다(도면에는 통판 사용).

10 문짝을 튼튼하게 만들기 위해 보강재를 본드로 고정한 다음 이중 드릴 비트 작업을 해준다.

11 가구에 포인트 모양을 내기 위해 문에 마름모 모양을 따 준다. 연필 등으로 스케치를 한 후 상하좌우 직소기 날이 들어갈 크기의 구멍을 드릴로 뚫는다.

12 직소기 날을 이용해 절단한다. 절단 후 거친 표면은 고운 사포로 다듬어준다.

13 예쁘게 마름모 모양이 완성된 문짝의 모습.

14 상단에 들어갈 서랍을 조립한다(서랍 만들기 기본 166 페이지 참조).

15 부드럽게 문이 열릴 수 있도록 플라스틱 레일을 단다(레일 달기가 번거롭다면 생략해도 된다). 플라스틱 레일은 철제 레일보다 설치가 쉽고 간편하지만 힘이 약하므로 서랍이 큰 것을 만들 때는 철제 레일을 사용한다.

16 플라스틱 레일을 서랍 깊이만큼 자르고 본드 칠을 해서 서랍의 바닥 모서리에 붙인 다음 전기 타커로 고정시킨다.

17 뒤판은 얇은 판만 덧대도 충분하다. 미송 합판 4.8T 패널을 수납장 크기에 맞춰 자른 후 본드와 전기 타커로 고정한다(도면에는 통판 사용).

18 양쪽 수납장이 완성되면 수납장을 배치할 자리로 이동한다. 그다음 양쪽 수납장 중앙에 들어갈 선반을 장착하기 위해 먼저 나사못을 이용해 중간 선반 보강재를 옆면에 고정시킨다.

19 그 위에 선반을 올린 후 본드와 전기 타커로 고정한다.

20 레드파인 24T 상판을 올린 후 연결 부위가 눈에 띄지 않도록 아래쪽에서 꺾쇠로 고정한다. 단단히 고정하고 싶을 때는 상판 위에서 나사못과 목심 작업을 해주면 된다.

21 도색 전에 수납장의 먼지를 닦은 다음, 아보코트 스테인 옥스퍼드 브라운을 2회 칠한다. 이 제품은 바니시 성분이 들어 있으므로 바니시는 생략해도 좋다.

22 경첩을 이용해서 문짝을 달아준 뒤 손잡이를 부착한다.

23 유리는 문짝의 안쪽에 글루건과 투명 실리콘을 쏘아 붙인 다음 하루 정도 바짝 말린다.

24 가운데 부분에는 문짝 대신 리넨 원단으로 가리개를 만들어 달아 답답함을 없앴다. 양쪽에 나사못을 박은 후 원단을 끼우는 방식으로 마무리한다.

12 아이 방 벽 페인팅 & 칠판 페인트

Material
페인트 : 벤자민무어 내추라 914(devon cream),
벤자민무어 칠판 페인트 741(san jose blue)
부자재 : 페인팅 붓, 롤러, 마스킹 테이프, 신문지, 사포, 트레이

how to make

1 아이 방에 칠하기 위해 벤자민무어 내추라 914(devon cream) 페인트를 준비한다.

2 벽면에 페인팅을 할 때는 벽의 테두리부터 붓으로 칠한 뒤 안쪽은 롤러로 메워준다는 느낌으로 칠하는 것이 가장 좋다. 골고루 얇게 바르는 것이 포인트. 롤러가 들어가지 않는 좁은 벽은 붓으로 꼼꼼하게 메워준다.

3 기존의 벽에 컬러가 있다면 그 색이 보이지 않을 만큼 여러 번 덧발라 줘야 한다. 준이 방의 경우 짙은 레드 컬러의 벽이었기 때문에 총 3회 덧칠을 해주었다.

4 아이를 위해 작은 칠판을 마련해 두었던 공간인데 이번에는 벽 전체에 칠판 페인트를 입혀서 아이에게 대형 도화지를 만들어줄 예정!

5 우선은 칠판 형태로 만들어 두었던 목재를 떼어낸다.

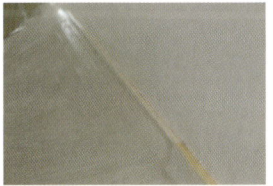

6 페인팅을 하기 전에는 밑 작업이 무척 중요하다. 우선 바닥에 커버링 테이프를 붙인다. 커버링 테이프가 없을 땐 신문지를 깔아도 무방하다.

7 벤자민무어의 칠판 페인트를 선택했다. 4천여 가지의 컬러 중에서 내가 사용한 것은 741(san jose blue).

8 화이트 벽을 만들 때처럼 우선 테두리 부분을 붓으로 칠한다.

9 안쪽은 롤러를 이용해 메워주는 느낌으로 칠한다. 총 2회 도색.

10 벽지 위에 바로 칠판 페인트를 칠할 경우 이틀 정도 충분히 건조시키면 분필을 사용할 수 있다. 건조 후에는 고운 사포(400방 정도)로 표면을 다듬어주면 분필을 사용할 때 훨씬 부드러운 느낌을 얻을 수 있다.

13 아이 방 살굿빛 수납장 만들기

Material

목재 : 스프러스 18T
공구 : 파워워크샵, 전기 타커, 드릴, 이중 드릴 비트
페인트 : 오일 스테인, 가구용 페인트(벤자민무어 HC-52 살구색), 바니시(벤자민무어 저광 바니시)
부자재 : 본드, 나사못, 빈티지 스타일 손잡이, 바퀴, 페인팅 붓, 커터 칼, 사포

Furniture Drawing

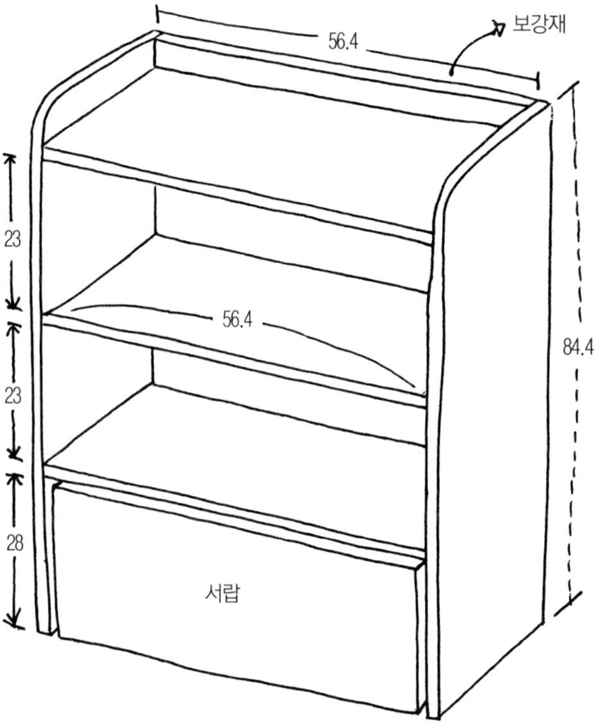

목재 상세 사이즈
본체(스프러스 18T)
위&아래&중간 56.4×25cm : 3개
옆 84.4×25cm : 2개
보강재 56.4×5cm : 1개
서랍(스프러스 18T)
앞&뒤 55×26.5cm : 2개, 옆 26.5×21.4cm : 2개
아래 51×21.4cm : 1개

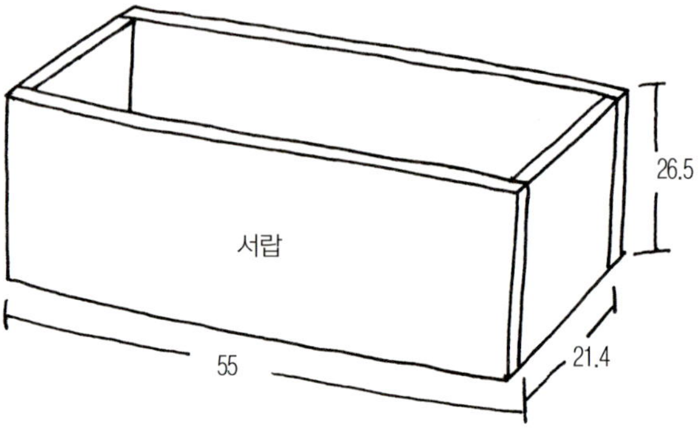

how to make

1 우선 서랍을 만든다. 스프러스 목재를 파워워크샵으로 잘라 기본 박스 타입을 만든다.(서랍 만들기 기본 166 페이지 참고).

2 서랍의 밑판은 조립할 때 바퀴를 안쪽으로 숨길 수 있도록 신경 써서 조립해야 한다. 미리 바퀴의 사이즈를 측정한 다음 바퀴 높이만큼 조금 안쪽에 밑판을 고정시킨다. 이때 고정 작업은 본드와 나사못으로 하면 된다.

3 이번에는 수납장 본체(프레임)를 만들 차례. 옆판 상단은 직소기를 이용해 둥글게 잘라 라운딩 처리를 해준다. 위·아래·중간 판이 고정될 위치를 연필로 미리 표시해 둔다.

4 옆판과 중간, 아래 판을 이중 드릴 비트로 결합한 뒤 나머지 옆판도 고정한다. 이 작업을 마친 후 세워서 각각의 밸런스가 맞는지 확인해 본다.

5 남은 위판을 고정하면 뒤쪽에 보강재를 연결한다.

6 미리 만들어둔 서랍을 장착해 본 모습.

7 이번은 도색을 할 차례. 짙은 브라운색 스테인을 1회 칠하고 건조시킨다. 스테인이 건조되면 벤자민무어 페인트 HC-25(살구색)를 총 3회 칠한다. 살구색 페인트가 건조되면 커터 칼과 사포(120방)로 스크래치를 내준다.

8 마지막으로 벤자민무어 저광 바니시를 2회 바른다.

9 손잡이를 달면 가구 만들기가 모두 완성.

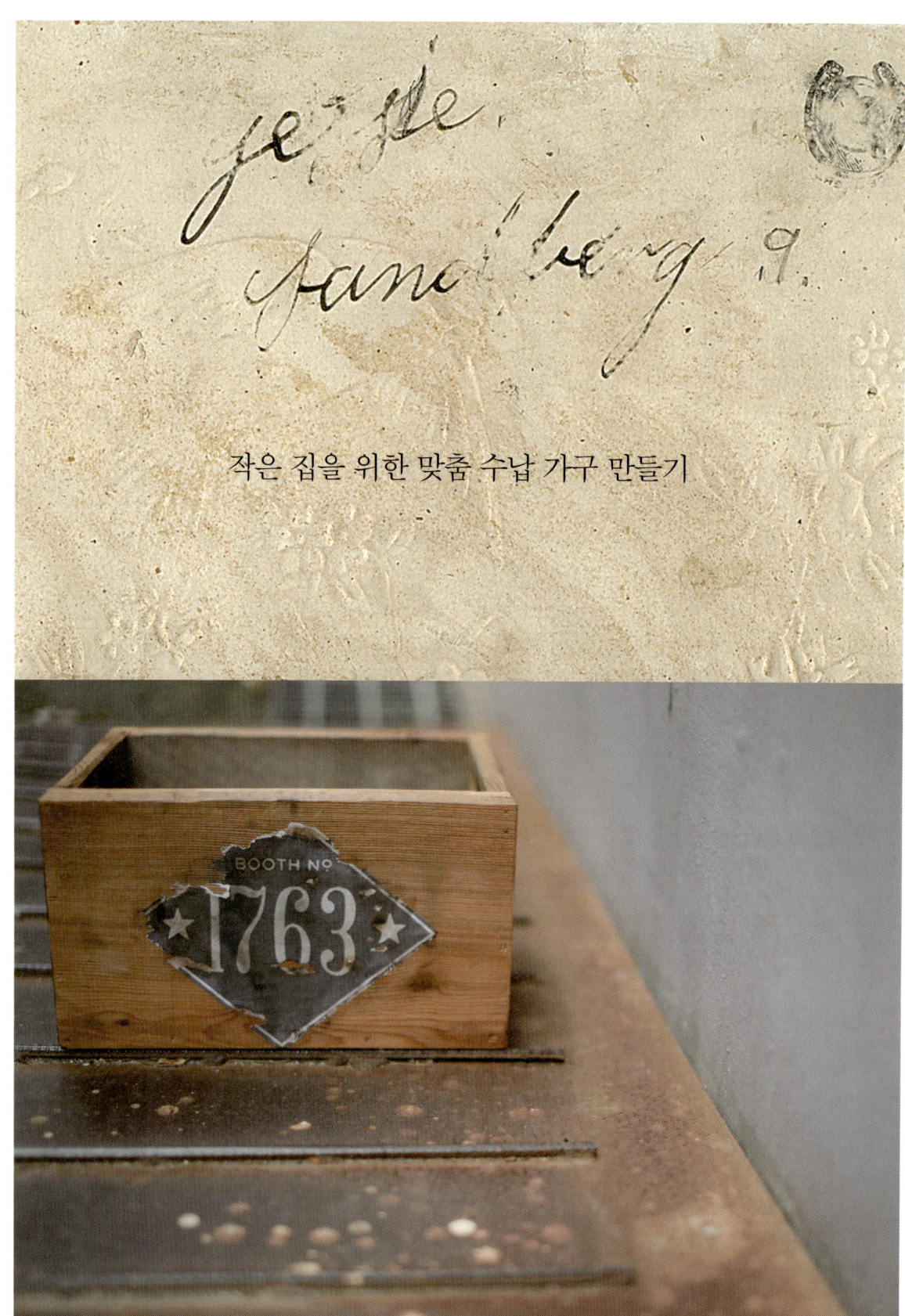

작은 집을 위한 맞춤 수납 가구 만들기

무엇부터 만들어야 할지 감이 오지 않는다면?
쭌사마 식 수납 가구에 도전해 보기

지금까지는 저희 집을 꾸밀 때 활용했던 몇 가지 방법들을 알려드렸습니다. 방법, 이라고 쓰기는 했습니다만 그저 제 마음대로, 손 가는 대로 만들어 놓은 공간과 물건들에 불과했지요. 정석대로 하자면 도무지 엄두도 낼 수 없는 일들인 데다, 망치면 어쩌나 하는 부담감까지 갖게 되면 집을 내 손으로 단장하는 일은 정말 어려워지게 마련이거든요. 그래서 저는 집을 꾸밀 때 언제나 '뭐든 내 마음대로야!' 하면서 스스로에게 용기를 북돋워줍니다.

하지만 솔직하게 말하면 무언가를 만들고 또 고친다는 것은 사실 참 번거로운 일입니다. 더구나 아직 한 번도 뚝딱거리면서 뭘 만들어본 경험이 없다거나, 태생이 손재주가 없다고 생각하는 사람이라면 더더욱 손사래를 치게 되겠죠. 그냥 하나 사지, 굳이 뭘 만드나 싶을지도 모르겠습니다.

만드는 기쁨이란 정말이지 만들어봐야 아는 일 같습니다. 내 손으로 고쳐보는 뿌듯함 역시도 해보지 않고서는 느낄 수 없는 마음입니다. 남의 손을 빌려서 고치거나 찍어낸 가구를 사는 것보다 훨씬 적은 비용으로 세상에 단 하나뿐인 내 집, 내 물건을 갖는다는 이상한 감동이 있거든요.

지금부터는 쉽게 도전해 볼 수 있는 가벼운 소품에서부터 다양한 디자인의 수납 가구 만들기까지… 품목별로 하나하나 소개하기로 합니다. 왕초보들을 위한 재활용 리폼 살림들도 곁들여 놓았으니 가벼운 마음으로 시작해 보시죠. 안 쓰는 물건, 버리는 살림 가져다가 내 감각에 딱 맞는 멋쟁이 소품으로 변신시키는 작업이라면… 한번쯤 도전해 보고 싶은 마음이 들지 않을까요?

또한 여기 소개하는 가구들은 모두 수납용입니다. 작은 집에 살다 보면 가장 절실한 것이 수납이고, 그러다 보니 디자인적으로도 부족함이 없는 멋진 수납 가구들을 찾게 되거든요. 크기는 작아도 수납력은 짱짱하고, 디스플레이용으로도 딱 좋은 가구들만 엄선했습니다. 그럼 출발해 볼까요?

14 사과 궤짝으로 만든 수납함

Material

목재 : 사과 궤짝
공구 : 파워워크샵의 멀티2 프로
페인트 : 바니시(벤자민무어 저광 바니시), 스텐실용 페인트(블랙)
부자재 : 스텐실 도안, 페인팅 · 스텐실 붓

how to make

1 시골 창고에서 가져온 사과 궤짝. 우선 묵은 먼지를 털고 욕실에서 수세미로 깨끗하게 씻어낸다. 보송보송하게 건조시킨 후 이틀 정도 햇볕에 바짝 말린다.

2 파워워크샵의 멀티2 프로를 이용해 겉면을 샌딩한다. 멀티2 프로가 있으면 따로 샌딩기를 사용하지 않아도 된다. 이 제품이 없다면 사포를 이용해도 무방하다.

3 기존에 있던 도안을 이용해 상자 겉면에 스텐실용 페인트로 스텐실 작업을 한다.

4 스텐실이 건조되면 저광 바니시를 1회 칠한다.

15 생선 궤짝으로 만든 데코 박스

Material
목재 : 낡은 생선 박스, 삼각 각재
공구 : 전기 타커, 건 타커, 각도 톱질대, 톱, 만능 가위 또는 펜치
페인트 : 아보코트 스테인(벤자민무어 Fresh Brew, Chelsea gray), 스텐실용 페인트(블랙)
부자재 : 사포, 스텐실 도안, 스텐실 · 페인팅 붓, 철망, 장갑

how to make

1 얼룩덜룩 낡은 생선 박스를 수세미로 깨끗하게 씻고 며칠간 바싹 말려 냄새를 없앤다.

2 박스의 바닥 부분을 하나하나 분리해서 바닥이 없는 상자를 만든다.

3 분리한 나무로 상자를 하나 더 만들기 위해 바닥 부분을 각도 톱질대에 올려두고 사이즈에 맞춰 톱으로 자른다.

4 상자의 프레임을 만들고 보니 나무가 얇아서 힘이 없겠다 싶었다. 조금 더 튼튼하게 고정하기 위해 모서리 부분에 본드를 이용해 각목을 고정했다. 삼각 각재를 프레임의 높이만큼 잘라 모서리에 본드와 전기 타커로 고정하는 방법이다.

5 목재의 표면이 거칠기 때문에 사포(220방)로 열심히 샌딩해서 표면을 다듬어준다.

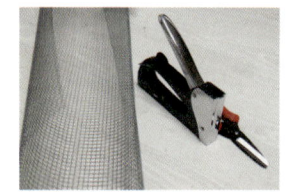

6 상자 바닥에 철망을 고정하기 위해서 만능 가위나 펜치, 건 타커를 준비한다.

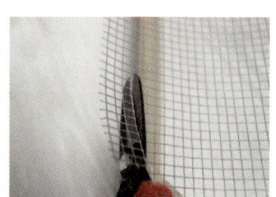

7 각각의 철망을 상자 바닥 부분에 고정시키기 위해 만능 가위를 이용해 크기에 맞춰 자른다. 철망을 만질 때는 손을 다칠 염려가 있으므로 장갑을 끼는 것이 안전하다.

8 건 타커를 이용해 철망을 프레임에 튼튼하게 박는다.

9 아보코트 스테인 Fresh Brew로 큰 상자를 1회 칠한다.

10 Chelsea gray를 작은 상자에 1회 칠한다.

11 스텐실 도안을 만들어 스텐실 작업을 해서 완성한다.

16 해묵은 멋, 트렁크 박스

Material
목재 : 삼나무 박스(반제품 활용)
페인트 : 오일 스테인(본덱스 벚나무 · 흑단 컬러),
스텐실용 페인트(블랙 · 레드), 바니시(벤자민무어 무광 바니시)
부자재 : 스텐실 도안, 스텐실 · 페인팅 붓, 데코용 못, 손잡이,
사포, 스펀지

how to make

<u>1</u> 삼나무로 만든 박스를 준비한다.

<u>2</u> 짙은 느낌을 내기 위해 오일 스테인 벚나무 컬러와 흑단 컬러를 섞어 바른다. 스펀지로 2회 도색한다.

<u>3</u> 스테인이 건조되면 고운 사포(220방)로 표면을 매끈하게 다듬은 후 스텐실 작업을 한다.

<u>4</u> 스텐실용 페인트 블랙과 레드 컬러로 포인트 스텐실을 넣는다.

<u>5</u> 뚜껑 위쪽은 데코용 못을 박아 포인트를 준다.

<u>6</u> 부식시킨 손잡이를 양 옆면에 고정시켜 멋을 더한다. 마지막으로 무광 바니시를 1회 칠한다.

17 아메리칸 스타일 블루 수납 박스

Material
목재 : 삼나무 상자(반제품)
페인트 : 오일 스테인(본덱스 월넛 컬러),
페인트(벤자민무어 어드반스 HC-149 블루), 초록 페인트,
스텐실 페인트(레드), 바니시(벤자민무어 고광 바니시)
부자재 : 스텐실 도안, 스텐실·페인팅 붓, 커터 칼, 손잡이

how to make

1 삼나무로 상자를 만들어 준비한다. (서랍 만들기 기본 166페이지 참고)

2 하도제로 오일 스테인 월넛 컬러를 입힌다.

3 ②를 1회 칠한 다음 충분히 건조시킨다.

4 스테인이 건조되면 어드반스 HC-149 블루 페인트를 2회 칠한다.

5 페인트가 완전히 건조될 때까지 말린다.

6 페인트 건조가 끝나면 원하는 글이나 모양을 스텐실로 새긴다.

7 파란색에 붉은색 스텐실을 입히면 빈티지한 감각이 훨씬 잘 살아난다. 이와 함께 커터 칼로 곳곳에 스크래치를 내준다.

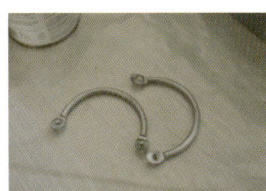

8 손잡이에 초록색 페인트를 칠한다. 마지막으로 고광 바니시를 1회 바른다. 어드반스 페인트 자체에 광택이 있긴 하지만 고광 바니시를 바르면 반짝이는 느낌이 더욱 진해진다.

18 빈티지 2단 작은 박스

Material

목재 : 전체(고재 리사이클 슬라이스 티크 9T),
작은 박스 밑판(자작 합판 9T)
공구 : 파워워크샵, 전기 타커
페인트 : 스테인(벤자민무어 아보코트 옥스퍼드 브라운,
벤자민무어 아보코트 투명)
부자재 : 사포, 경첩, 레터링지, 페인팅 붓

Furniture Drawing

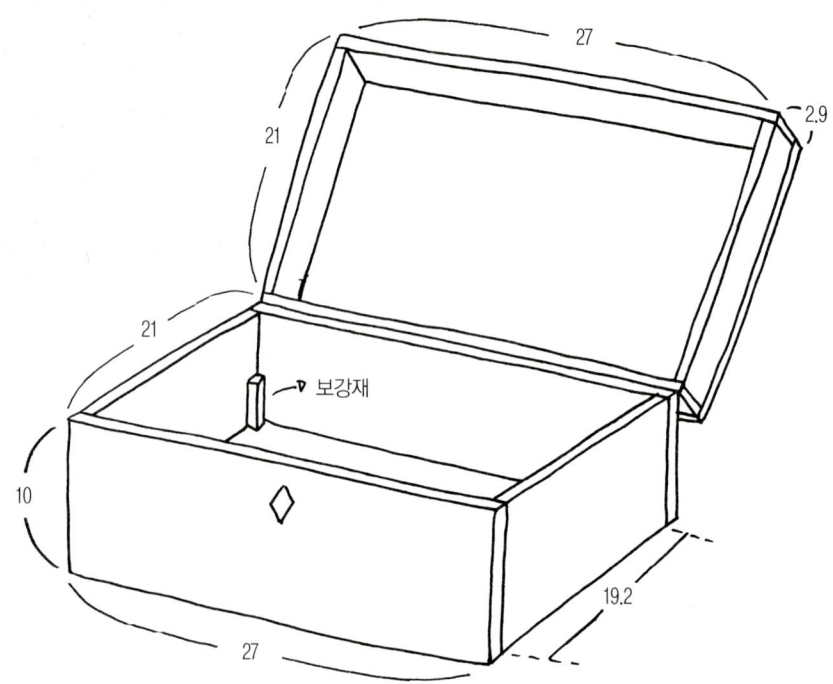

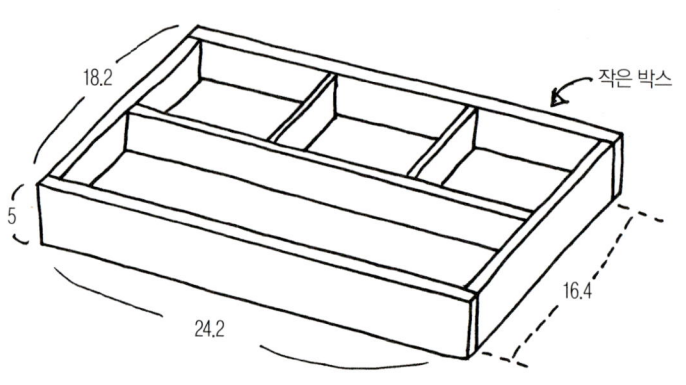

목재 상세 사이즈

본체 박스(고재 슬라이스 티크 9T)
앞&뒤 27×10cm : 2개, 옆 19.2×10cm : 2개
밑(자작 합판 9T) 25.2×19.2cm : 1개

뚜껑(고재 슬라이스 티크 9T)
앞&뒤 27×2cm : 2개, 옆 19.2×2cm : 2개,
위 27×9.5cm : 2개, 27×2cm : 1개

보강재(고재 슬라이스 티크 9T) 3.5×2cm : 4개

작은 박스
앞&뒤 24.2×5cm : 2개, 옆 18.2×2cm : 2개,
아래 22.4×16.4cm : 1개

칸막이
가로 22.4×4.1cm : 1개, 세로 9×4.1cm : 2개

how to make

 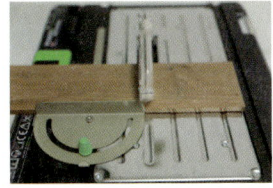 

1 고재 리사이클 슬라이스 티크 자투리를 모아서 파워워크샵으로 자른다.

2 기본 박스 만들기를 시작한다. 목재가 부족해서 밑판은 자작나무 합판 9T를 잘라 만들었다.

3 전기 타커를 이용해 사진과 같은 순서로 밑판과 양옆, 앞뒤 판을 고정시킨다.

4 2단 수납함을 만들기 위해 잘라두었던 지지대를 모서리 4군데에 붙인다. 이렇게 하면 위쪽에 올려두는 박스가 겹쳐지지 않아 2단으로 쓸 수 있게 된다.

5 상자 뚜껑을 만들 차례. 위판이 될 나무를 조르르 연결한 다음 양옆, 앞뒤 판을 전기 타커로 고정한다. 자투리로 만들어서 모양새가 조금 어색하기는 하지만 이 정도면 충분! 이건 빈티지 느낌이니까!

6 이번은 상자 속에 들어갈 작은 박스를 만들 차례. 사진과 같이 바닥과 옆면을 연결해 박스의 프레임을 만든다.

7 전기 타커로 가운데 칸막이를 고정한 다음 박스의 표면 전체를 사포(400방)로 매끈하게 다듬는다.

8 밑판으로 사용한 자작 합판의 색이 다른 고재에 비해 너무 밝아서 벤자민무어 아보코트 스테인 옥스퍼드 브라운을 1회 도색한다.

9 밑판을 제외한 나무는 벤자민 아보코트 스테인 투명을 2회 칠한 후 건조되면 뚜껑을 고정하기 위해 상자 뒤쪽으로 경첩을 단다.

10 뚜껑 위쪽은 레터링지를 이용해 포인트 장식을 해주고 고운 사포(400방 정도)로 살짝 문질러서 빈티지 느낌을 살린다.

19 헌 서랍 재활용해 만든 빈티지 박스

Material

목재 : 버리는 서랍 2개
공구 : 보링 비트, 직소기
페인트 : 스테인(벤자민무어 아보코트 스테인 옥스퍼드 브라운, 첼시 그레이), 스텐실 페인트
부자재 : 스텐실 도안, 스텐실·페인팅 붓, 손잡이, 커터 칼, 사포

how to make

1 쓰지 않는 전자레인지 수납대를 버리려다가 서랍 두 개만 따로 빼놓았다. 뭘 만들어볼까, 궁리 또 궁리!

2 손잡이가 달려 있던 앞부분을 떼어낸다.

3 손잡이를 떼어낸 모습. 상자 두 개 중 하나는 양옆에 구멍을 뚫어 손잡이를 만든다.

4 손잡이가 될 부분을 옆면에 스케치한 후 보링 비트로 손잡이의 길이만큼 양쪽에 구멍을 뚫어준다.

5 구멍 속에 직소기를 넣어서 손잡이를 따준 후 상자 전체를 고운 사포(220방)로 매끈하게 다듬는다.

6 이제 도색을 할 차례. 서랍 안쪽에 아보코트 스테인 옥스퍼드 브라운을 1회 칠한다.

7 겉면은 아보코트 스테인 첼시 그레이를 1회 칠한다.

8 완성된 빈티지 박스 위에 기존에 있던 스텐실 도안으로 모양을 내면 완성.

20 장식 없이 담백한 심플 선반장

Material
목재 : 몸판(스프러스 18T), 뒤판(미송 합판 4.8T), 중간 판(스프러스 18T)
공구 : 전기 타커, 이중 드릴 비트, 파워워크샵, 드릴
페인트 : 오일 스테인(본덱스 다크 월넛 & 월넛)
부자재 : 본드, 나사못, 페인팅 붓, 커터 칼

Furniture Drawing

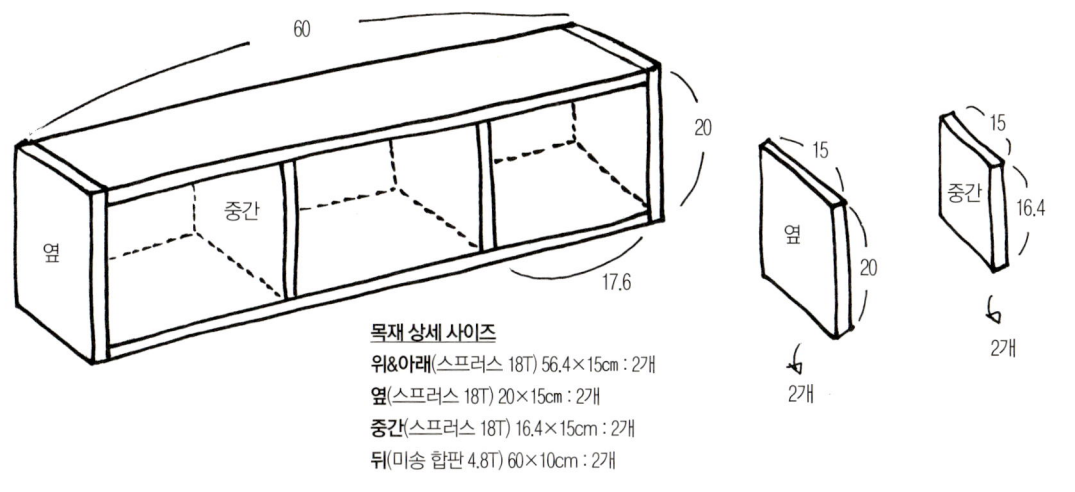

목재 상세 사이즈
위&아래(스프러스 18T) 56.4×15cm : 2개
옆(스프러스 18T) 20×15cm : 2개
중간(스프러스 18T) 16.4×15cm : 2개
뒤(미송 합판 4.8T) 60×10cm : 2개

how to make

1 기본 목재는 두께 18T의 스프러스 수종을 사용했다. 파워워크샵으로 도안대로 나무를 자른다.

2 본드와 전기 타커를 이용해 네모 프레임을 만든다.

3 선반장으로 사용하기 위해서는 튼튼해야 하므로 각각의 나무가 맞물리는 부분은 이중 드릴 비트로 구멍을 낸 후 나사못을 박아 더욱 단단하게 고정시킨다.

4 이중 드릴 비트 작업 후 네모 프레임이 완성된 모습.

5 가운데 칸막이로 사용할 중간 판(선반)도 같은 방법(이중 드릴 비트로 나사못 작업)으로 고정시킨다. 뒤판으로 사용할 미송 합판을 미리 잘라 둔다.

6 이제 페인팅을 할 차례. 조금 더 예쁘게 만들기 위해 프레임과 뒤판을 다른 색으로 칠한다. 뒤판은 오일 스테인 본덱스 다크 월넛을, 프레임은 월넛을 2회 칠한다.

7 완전히 건조되면 전기 타커를 이용해 뒤판을 고정해 완성한다.

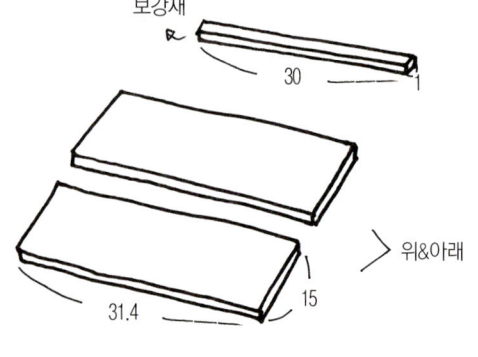

21 바퀴 달아 주가 높인 수납장

Material

목재 : 위&아래 판(삼나무 18T), 옆판(레드시다 판재. 거친 판재 18T), 뒤판(삼나무 18T), 중간 판(삼나무 18T), 삼각 각재
공구 : 파워워크샵, 전기 타커, 망치, 드릴
페인트 : 우드 스테인(벤자민무어 아보코트 스테인 alexandria Beige), 부식 페인트, 스텐실용 페인트(블랙)
부자재 : 본드, 나사못, 사포, 손잡이, 보강 평철, 못, 바퀴(4개), 스텐실 도안, 스텐실·페인팅 붓

Furniture Drawing

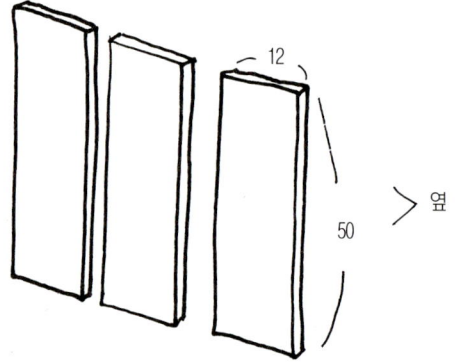

목재 상세 사이즈

위(삼나무 18T) 31.4×15cm : 2개,
아래(삼나무 18T) 31.4×15cm : 2개
좌측 레드시다 판재 18T 50×12cm : 2개, 거친 판재 18T 50×6cm : 1개
우측 레드시다 판재 18T 50×12cm : 2개, 거친 판재 18T 50×6cm : 1개
중간(삼나무 18T) 31.4×30cm : 1개, 중간판 보강재(삼나무 18T) 30×1cm
뒤(삼나무 18T) 50×35cm : 1개
삼각 각재(25T) 길이 30cm : 4개

how to make

1 자투리 레드시다 판재와 삼나무를 준비한다.

2 파워워크샵으로 레드시다 폭을 원하는 크기로 자른다. 옆판으로 사용할 레드시다 판재 2조각씩, 거친 판재 1개씩 총 6개, 위아래 면으로 사용할 삼나무 2개씩 총 4개를 준비한다. 뒤판은 삼나무를 이용한다.

3 상하좌우 박스 모서리에 고정할 삼각 각재들도 파워워크샵으로 잘라둔다.

4 위&아래 판을 먼저 조립한다. 잘라 둔 삼나무를 나란히 붙인 후 양끝에 삼각 각재를 전기 타커로 고정시킨다. 이렇게 두 개를 만든다.

5 사진과 같이 잘라둔 목재를 삼각 각재 쪽에 전기 타커를 쏘아 ㄱ-ㄷ-ㅁ 순서로 고정시킨다.

6 뒤판 역시 전기 타커를 이용해 고정시킨다.

7 아보코트 스테인 alexandria Beige를 2회 칠한다.

8 건조가 끝나면 사포(180방)로 표면을 다듬는다.

9 이번엔 철 부속을 고정할 차례. 손잡이와 보강 평철에 부식 페인트를 칠해 빈티지한 느낌이 나게 한다. 일반 박스의 손잡이를 수납 박스에 달 수 있게 ㄱ자로 구부려 모양을 만든다.

10 박스의 윗부분, 빈티지한 느낌을 더하기 위해 양옆의 보강 평철을 못으로 고정시킨다.

11 이동을 간편하게 하기 위해 아래쪽에 드릴로 바퀴 4개를 단다.

12 박스 옆은 스텐실을 찍어서 마무리한다.

13 전체적으로 박스 크기가 큰 듯해서 가운데에 선반을 지르기 위해 중간판 보강재를 덧대 주었다. 본드와 전기 타커를 이용해 양쪽 같은 높이에 고정한다. 작업을 하다 보면 디자인 변경이 종종 있게 마련이다.

14 파워워크샵으로 중간 판을 잘라 선반으로 넣어주면 수납력이 훨씬 높아진다.

22 세워도 눕혀도 좋은 가로세로 수납장

Material

목재 : 본체(스프러스 18T), 중간 판(삼나무 9T), 뒤판(미송 합판 4.8T)
공구 : 파워워크샵, 전기 타커, 이중 드릴 비트, 드릴
페인트 : 밀크 페인트 리넨 컬러(제너럴피니시), 오일 스테인(본덱스 다크 월넛 컬러), 바니시(벤자민무어 고광 바니시)
부자재 : 본드, 나사못, 페인팅 붓, 커터 칼

Furniture Drawing

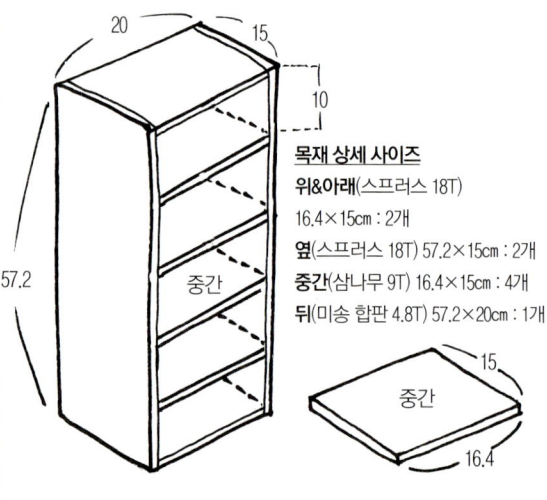

목재 상세 사이즈
위&아래(스프러스 18T)
16.4×15cm : 2개
옆(스프러스 18T) 57.2×15cm : 2개
중간(삼나무 9T) 16.4×15cm : 4개
뒤(미송 합판 4.8T) 57.2×20cm : 1개

how to make

1 스프러스 목재를 준비해 파워워크샵으로 절단한다.

2 전기 타커와 본드를 사용해서 사진과 같은 과정을 거쳐 네모난 모양의 본체를 만든다. 조금 더 튼튼하게 하고 싶다면 나사못을 박아준다.

3 가운데 들어갈 중간 판은 본체보다 조금 얇은 삼나무를 사용했다. 중간 판 역시 전기 타커로 고정시킨다.

4 뒤판은 전체 프레임보다 얇은 목재를 사용해도 무방하다. 미송 합판으로 뒤판을 고정하는데, 이 역시 본드와 전기 타커로 고정하면 된다(뒤판 치수는 통판 치수로 기재).

5 하도제로 오일 스테인 다크 월넛 컬러를 입히고, 밀크 페인트 리넨 컬러를 3회 칠한다.

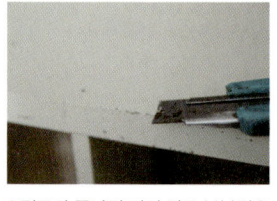

6 건조가 끝나면 커터 칼로 부분적으로 벗겨서 빈티지한 느낌을 살린다.

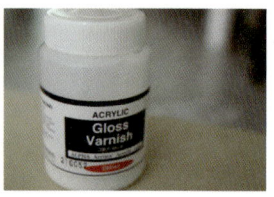

7 마지막으로 고광 바니시를 2회 더 칠한다.

23 나무로 만든 철제 느낌 수납장

Material

목재 : 삼나무 18T, 미송 합판 4.8T
공구 : 직소기, 이중 드릴 비트, 전기 타커
페인트 : 오일 스테인(본덱스 도토리 색), 프로방스 페인트 2108 (올드 빌리지), 부식 페인트, 유광 바니시(알파)
부자재 : 본드, 나사못, 경첩, 아연판, 레터링지, 미니 못, 액자 고리, 잠금 철물, 사포, 페인팅 붓

Furniture Drawing

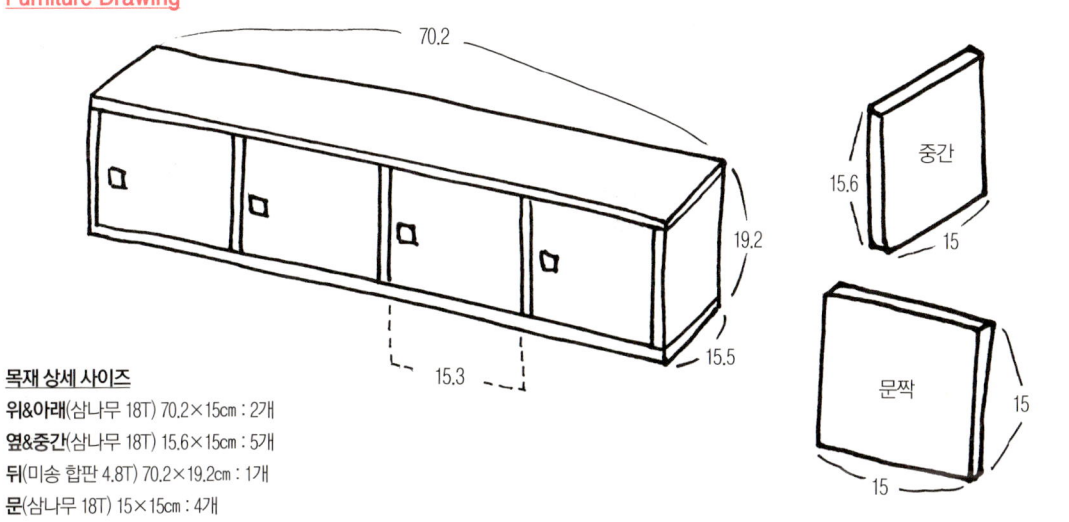

목재 상세 사이즈

위&아래(삼나무 18T) 70.2×15cm : 2개
옆&중간(삼나무 18T) 15.6×15cm : 5개
뒤(미송 합판 4.8T) 70.2×19.2cm : 1개
문(삼나무 18T) 15×15cm : 4개

how to make

1 삼나무 18T를 원하는 사이즈대로 자른 후 ㄷ자 모양으로 결합한다.

2 삼나무로 본체를 만든 후 사이사이에 중간 판을 본드와 나사못으로 결합한다.

3 나머지 면도 본드와 나사못을 이용해 고정한다. 뒤판은 얇은 미송 합판 4.8T를 전기 타커로 결합한다.

4 프레임이 완성되면 하도제로 오일 스테인 도토리 색을 입히고 고운 사포(220방)로 표면을 다듬은 후 프로방스 페인트 2108로 2회 칠한다.

5 선반장 안쪽에도 오일 스테인을 칠한다. 건조가 끝나면 칼로 살살 긁어서 자연스럽게 스크래치를 내준다.

6 잠금 장치는 부식 페인트를 이용해 부식시킨 후 문짝에 고정시켜 손잡이처럼 만든다. 경첩 역시 같은 방법으로 부식시킨 뒤 문짝에 고정시킨다.

7 아연판을 작게 잘라서 레터링지로 알파벳을 붙인 다음 미니 못으로 문짝에 고정시킨다.

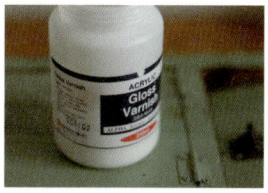

8 유광 바니시를 가구 전체에 1회 바른다. 선반장 뒤쪽에 액자 고리를 달아 마무리한다.

24 봄을 닮은 노란 수납 선반장

Material
목재 : 전체 목재(스프러스 18T), 뒤판(미송 합판 4.8T)
공구 : 파워워크샵, 직소기, 이중 드릴 비트, 건 타커, 전기 타커
페인트 : 어드반스 AF-345(벤자민무어), 스테인(벤자민무어 아보코트 스테인 옥스퍼드 브라운)
부자재 : 목공용 본드, 나사못, 메움이(필러), 사포, 꽃무늬 원단, 커터 칼, 페인팅 붓

Furniture Drawing

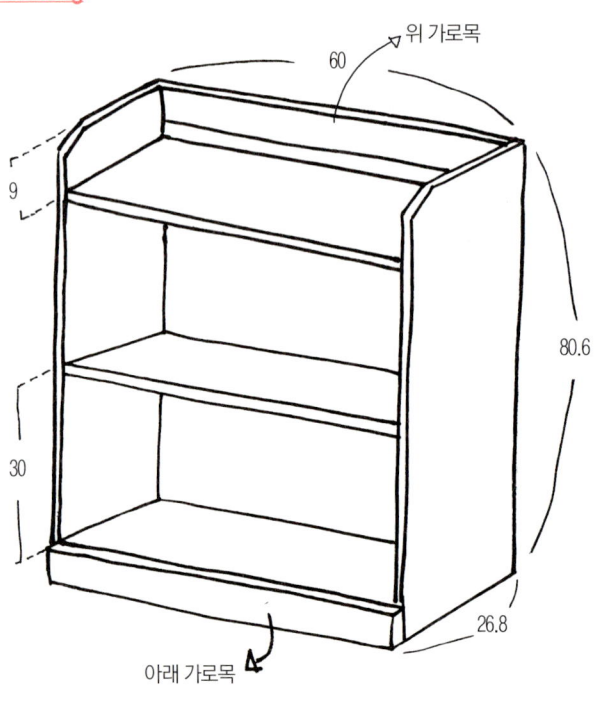

목재 상세 사이즈
위&아래&중간(스프러스 18T) 56.4×25cm : 3개
뒤(미송 합판 4.8T) 71.6×10cm : 6개
옆(스프러스 18T) 80.6×25cm : 2개
위 가로목(스프러스 18T) 60×6cm : 1개
아래 가로목(스프러스 18T) 60×8cm : 1개
원단 60×71.6cm : 1장

how to make

1 스프러스 목재로 옆판을 준비한다.

2 옆판 위에 원하는 디자인을 스케치한다.

3 직소기를 사용해서 사선으로 절단한다.

4 이번 순서는 조립. 옆판에 위·아래·중간판이 들어갈 자리를 줄로 긋는다.

5 선에 맞춰 선반에 목공용 본드를 바른 후 전기 타커로 고정시킨다.

6 나사못을 이용해 한 번 더 박아주면 더욱 튼튼하게 사용할 수 있다. 이때 주의할 점. 목재에 바로 나사못을 박으면 나무가 갈라질 수 있으므로 이중 드릴 비트로 구멍을 뚫어준 다음 박는 것이 필수다.

7 옆판과 위·아래·중간판 순서대로 조립한 모습.

8 반대편 옆판을 고정하고 균형이 맞는지 세워본다.

9 이번에는 수납장 아래 가로목을 덧대는 단계. 필요한 크기의 나무를 잘라서 준비한다.

10 전기 타커를 이용해 기존 수납장에 가로목을 고정시킨다.

11 같은 방법으로 윗부분에도 가로목을 고정시킨다.

12 나사못 자국이 보기 싫다면 메움이(필러)를 이용해 구멍을 메워준다.

13 메움이가 건조되면 고운 사포로 매끈하게 다듬는다.

14 하도제로 아보코트 스테인 옥스퍼드 브라운을 1회 입히고, 건조되면 어드반스 AF-345(honeymoon)로 색을 입힌다. 총 3회 도색한다. 어드반스 제품은 바니시가 따로 필요 없어서 페인팅하기에 좋다.

15 집에서 직접 사용하는 가구는 대충 손질하지만, 선물용이라 이번에는 곱게 사포질을 했다. 제대로 된 가구를 만들기 위해서는 도색하기 전에 한 번, 칠을 하고 난 후 다시 한 번 샌딩해 주면 좋다. 샌딩 후에는 빈티지한 감각을 살리기 위해 커터칼로 스크래치를 내준다.

16 뒤판은 꽃무늬 원단으로 마무리한다. 원단을 사이즈에 맞게 자른 다음 건 타커로 팽팽하게 고정시킨다.

17 그 뒤에 크기에 맞춰 잘라 두었던 뒤판을 하나하나 전기 타커로 고정시킨다(뒤판 치수는 통판 치수로 기재).

25 미닫이문이 있는 벽걸이 수납장

Material
목재 : 본체(삼나무 18T), 문짝, 졸대(얇은 자작나무 합판 6.5T), 뒤판(미송 합판 4.8T)
공구 : 파워워크샵, 전기 타커, 이중 드릴 비트, 드릴
페인트 : 밀크 페인트 리넨 컬러, 앤틱 글레이즈 반다크 브라운 (모두 제너럴피니시), 오일 스테인(본덱스 도토리 색), 바니시(벤자민무어 유광 바니시)
부자재 : 물티슈, 손잡이, 사포, 페인팅 붓, 커터 칼

Furniture Drawing

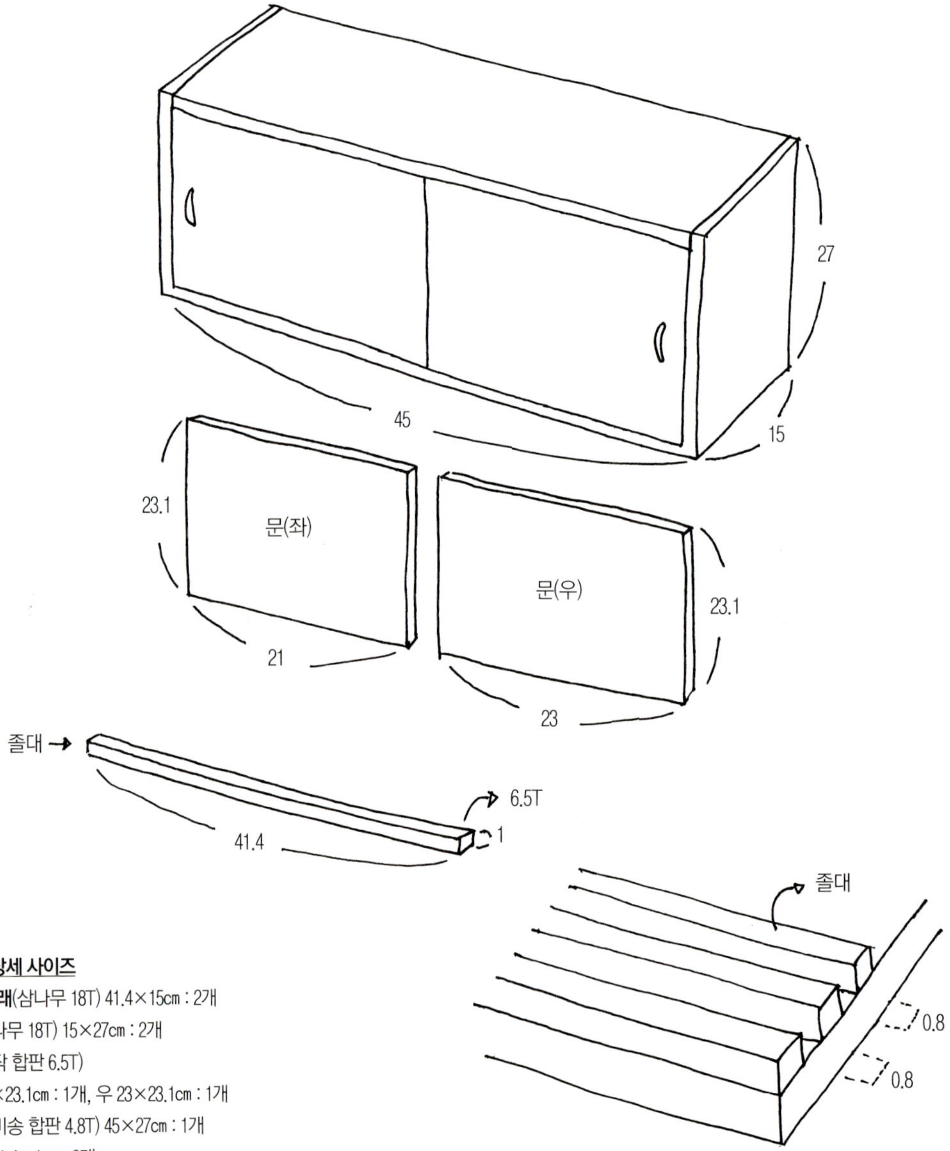

목재 상세 사이즈
위&아래(삼나무 18T) 41.4×15cm : 2개
옆(삼나무 18T) 15×27cm : 2개
문(자작 합판 6.5T)
좌 21×23.1cm : 1개, 우 23×23.1cm : 1개
뒤판(미송 합판 4.8T) 45×27cm : 1개
졸대 41.4×1cm : 6개

how to make

<u>1</u> 삼나무는 18T 제품을 구입한다.

<u>2</u> 본체를 만들기 위해 파워워크샵으로 목재를 절단한다.

<u>3</u> 자작나무 합판은 잘라서 미닫이문에 들어갈 졸대를 위아래 총 6개 만든다.

<u>4</u> 졸대 간격은 문짝의 두께보다 2~3mm 정도 크게 만들어 고정시킨다. 전기 타커와 본드 작업으로 한다 (도면 참고).

<u>5</u> 이번은 문짝을 사이즈에 맞게 절단하는 순서. 본체의 세로 사이즈보다 2~3mm 작게 문 사이즈를 잰다. 이렇게 하면 미닫이문이 훨씬 부드럽게 열리고 닫힌다.

<u>6</u> 절단한 목재들을 고정시킨다. 양 옆판과 밑판을 고정한 후 문을 끼우고, 바로 위판을 끼워 전기 타커로 조립하면 된다(문을 끼울 때는 도면처럼 좌우 문짝의 사이즈를 확인하고 고정시킨다). 이 과정은 뒤쪽 문(문짝 우)으로 고정하는 문이 사이즈가 조금 크다. 문을 끼웠을 때 문의 좌우가 맞물리는 곳에 졸대 간격만큼 틈이 생기는데 그 틈을 보완해 주기 위해서다. 그 다음은 미송 합판 4.8T를 뒤판으로 고정한다.

<u>7</u> 하도제로 먼저 오일 스테인 도토리색을 칠하고, 건조되면 사포(220방)로 표면을 정리해 준 다음 밀크 페인트 리넨 컬러를 3회 도색한다.

<u>8</u> 건조가 끝나면 커터 칼로 살짝 긁어 빈티지한 느낌을 낸 후 손잡이를 단다. 그 다음에는 앤틱 글레이즈 반다크 브라운을 전체적으로 얇게 발라서 톤을 다운시킨다.

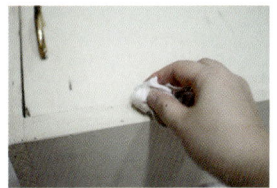 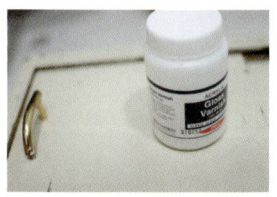

<u>9</u> 앤틱 글레이즈는 빨리 건조되기 때문에 재빨리 물티슈로 닦아야 한다. 앤틱 글레이즈 페인트는 닦아 주면서 느낌을 내는 페인트다.

<u>10</u> 마지막으로 유광 바니시를 2회 발라 마무리한다.

26 진짜 고재로 만든 유리문 수납장

Material

목재 : 고재 티크 목재 9T
공구 : 파워워크샵, 건 타커, 전기 타커
페인트 : 우드 스테인(벤자민무어 투명 스테인),
바니시(벤자민무어 바니시)
부자재 : 유리(40.5×22.5cm), 목공용 본드, 나사못, 사포, 투명 실리콘,
경첩, 손잡이, 페인팅 붓

Furniture Drawing

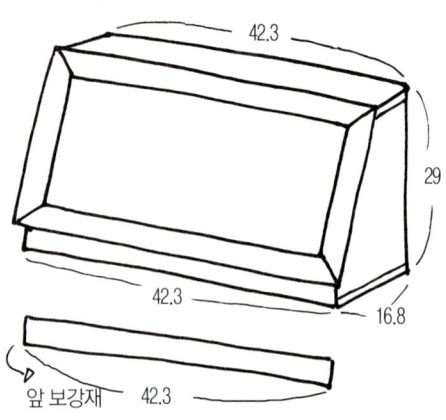
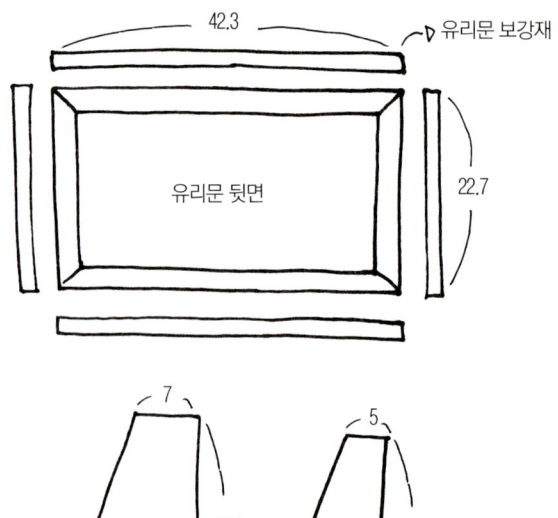
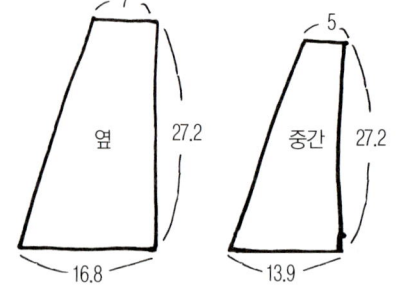

목재 상세 사이즈
모든 목재(빈티지 오리지널 티크 9T)
위 42.3×7cm : 1개, 아래 42.3×15.9cm : 1개, 옆 27.2×15.9×7cm : 2개
중간 27.2×13.9×5cm : 5개, 뒤 40.5×13.6cm : 2개
유리문 가로 42.3×3.5cm : 2개, 세로 24.5×3.5cm : 2개
보강재 가로 42.3×1cm : 2개, 보강재 세로 22.7×1cm : 2개
유리 사이즈 40.5×22.5cm

how to make

1 고재 빈티지 티크 목재를 준비한다. 사진은 키앤호 제품.

2 유리가 들어갈 문의 프레임을 먼저 만든다. 원하는 폭의 사이즈를 생각하면서 총 4개를 잘라서 준비한다.

3 프레임 속에 유리를 꼭 맞게 넣을 수 있도록 프레임의 가로세로 치수를 확인한 후 45도로 자른다. 유리문의 보강재도 총 4개를 미리 잘라둔다.

4 절단한 문짝 프레임을 사포(220방)로 문지른 후 조립한다. 더욱 빈티지한 느낌을 원한다면 먼지 정도만 가볍게 닦아내도 되지만, 아이 손이 닿을 수 있다면 샌딩을 말끔히 해야 안전하다. 샌딩이 끝나면 45도로 자른 프레임의 가로세로를 잘 맞춰서 본드를 칠한 후 건 타커로 고정시킨다.

5 유리는 미리 사이즈에 맞춰 준비해 둔다.

6 유리를 달 수 있도록 ④에서 건 타커로 고정해 둔 문의 프레임에 보강재를 가로세로로 덧댄 후 전기 타커로 군데 군데 더욱 단단하게 고정시킨다.

7 상자의 본체를 만들 차례. 전체적으로 비스듬한 형태를 디자인하기 위해 양옆은 사선 모양이 되도록 자른다.

8 위판을 덧대서 본드와 전기 타커로 조립을 시작한다.

9 아래 판까지 조립을 마치면 중간판을 고정하기 위해 뒤판의 하나를 먼저 고정시킨다. 보통 이런 디자인의 가구는 홈을 파서 중간 판을 홈에 끼우는 식으로 제작을 하지만, 나는 홈을 파는 공구가 없어서 뒤판을 지지대로 삼아서 작업했다.

10 파워워크샵으로 중간 판을 사선으로 자른 후 사포로 샌딩을 해둔다.

11 도색을 할 차례. 중간판 사이의 폭이 좁아 붓질이 어려우므로 이런 디자인의 가구는 도색을 먼저 하고 조립하는 게 편리하다. 투명 스테인을 2회 발라준 후 건조시킨다. 벤자민무어 투명 스테인은 바니시 성분이 들어 있어 바니시 작업을 생략해도 되지만 더 강력한 코팅을 원한다면 바니시를 마지막에 발라 주어도 무방하다.

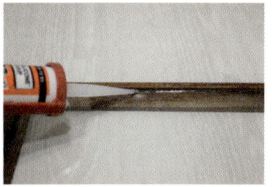

12 고재 자체의 컬러감이 좋아서 굳이 짙은 색의 스테인을 칠하지 않아도 색감이 멋지게 표현된다. 스테인이 건조되면 투명 실리콘을 쭉 쏴주고 그 위에 유리를 붙여 고정시킨다. 실리콘과 프레임이 잘 붙도록 하루 정도 건조시킨다.

13 수납장의 중간 판을 결합할 차례. 수납장의 아래 판 쪽에 중간 판이 고정될 자리를 마련한 후 뒤판의 뒤쪽에서 하나하나 전기 타커로 고정시킨다.

14 중간판 조립이 완성된 모습.

15 칸막이 고정이 끝나면 비워두었던 뒤판을 본드와 전기 타커를 이용해 마저 붙인다. 그다음 정면 쪽의 앞 보강재도 고정해 준다.

16 경첩이나 나사못은 미리 물에 담가 부식시켜 둔다. 철물을 빨리 부식시키고 싶다면 소금물에 담가두는 것이 효과적이다.

17 물기가 완전히 제거된 경첩과 나사못으로 유리문을 본체에 고정시킨다. 아래에서 위로 문이 열리는 형태이므로 위쪽만 고정시키면 된다.

18 묵직한 느낌의 금색 손잡이를 달아 완성한다.

27 추억의 레트로 미닫이 장

Material

목재 : 삼나무(18T, 12T), 자작나무(9T), 미송 합판 패널(4.8T), 졸대(자작나무 9T)
공구 : 전기 타커, 보링 비트, 이중 드릴 비트, 드릴
페인트 : 수성 페인트(트루톤 수성 스테인 미디엄 오크 & 라이트 월넛), 바니시(벤자민무어 무광 바니시)
부자재 : 나사못, 손잡이, 액자 고리, 사포, 페인팅 붓

Furniture Drawing

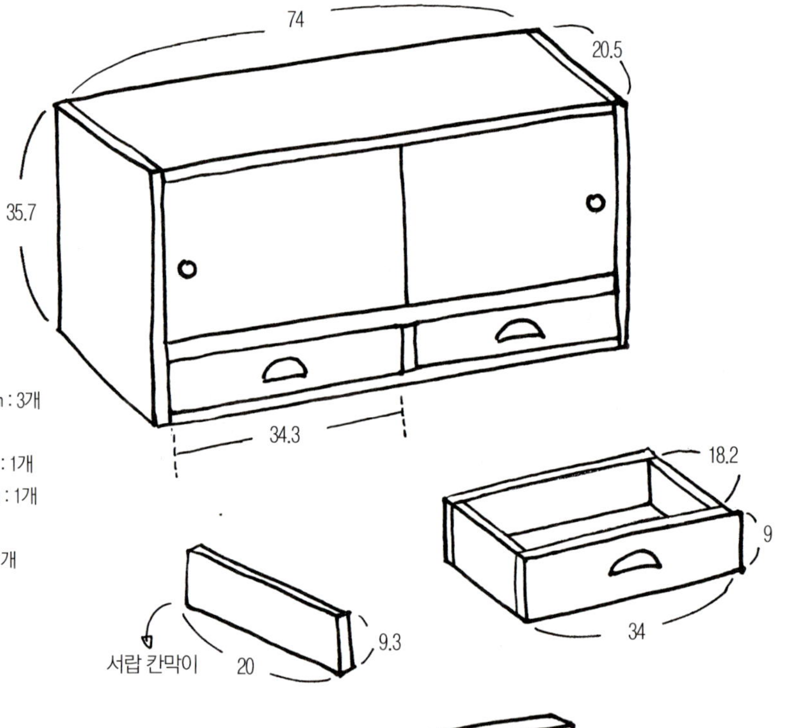

목재 상세 사이즈
위&아래&중간(삼나무 18T) 70.4×20cm : 3개
옆(삼나무 18T) 35.7×20cm : 2개
왼쪽 문짝(자작 합판 9T) 37.5×20.5cm : 1개
오른쪽 문짝(자작 합판 9T) 35×20.5cm : 1개
뒤(미송 합판 4.8T) 74×35.7cm : 1개
서랍 칸막이(삼나무 18T) 20×9.3cm : 1개
졸대(자작 합판 9T) 70.4×1cm : 6개
서랍
앞&뒤(자작 합판 9T) 34×9cm : 4개
옆(자작 합판 9T) 18.2×9cm : 4개
아래(삼나무 12T) 32.2×18.2cm : 2개

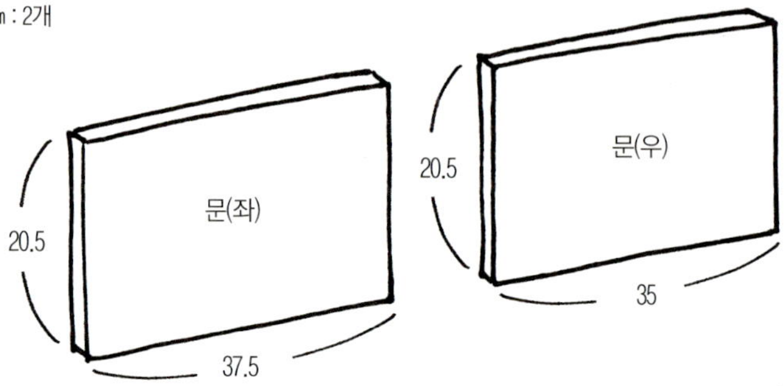

how to make

1 삼나무를 위아래 판, 중간 판의 치수대로 자른다.

2 자작나무는 9T로 준비해서 얇은 졸대 모양으로 자른다.

3 위판, 중간 판이 될 목재에 졸대를 붙여 총 3개를 준비한다. 문을 편하게 여닫기 위해서는 문짝의 두께보다 2mm 정도 여유를 두고 졸대 간격을 정하는 것이 좋다. 졸대는 전기 타커로 고정시킨다(여유가 있어야 문을 부드럽게 여닫을 수 있다. 홈을 팔 수 있는 공구가 있다면 홈을 만드는 것이 가장 좋은 방법이지만 공구가 없다면 졸대를 이용한다. 좀 더 정교한 미닫이장을 만들고 싶다면 온라인에서 목재를 주문할 때 홈 파기 가공을 부탁하면 된다).

4 사진의 바닥에 있는 부분이 위판이다. 위판과 양 옆판을 나사못으로 고정시킨다.

5 문짝이 될 목재는 자작나무를 이용한다. 크기에 맞춰 문짝을 자른 다음 손잡이 대신 사용할 수 있도록 구멍을 낸 후 사포(220방)로 거친 부분을 정리한다. 보링 비트를 사용하면 편리하게 구멍을 뚫을 수 있다

6 다음은 문짝을 조립할 차례. 주의해야 할 점은 문짝을 끼울 때 도면처럼 좌우 문짝 사이즈를 확인하고 고정시켜야 한다. 도면을 살펴보면 왼쪽 문이 조금 크다. 이는 문을 끼웠을 때 문의 좌우가 맞물리는 곳에 졸대 간격만큼 틈이 생기는데 그 틈을 보완해 주기 위함이다. 그리고 문을 중간 판 졸대에 먼저 끼우고 위판의 졸대에 끼운 후 위판을 올려 나사못으로 고정시킨다.

7 아래에 서랍을 넣어야 하므로 가운데 서랍 칸막이를 고정하기 위해 끼워 놓은 미닫이문을 열어 안쪽에서 전기 타커로 고정시킨다. 그다음 남은 아래 판을 연결하면 된다.

8 미송 합판 패널을 잘라서 뒤판을 전기 타커로 고정한다(도면에는 통판 사이즈로 기재).

9 사이즈에 맞춰 서랍을 만든다. 서랍은 앞과 양옆을 먼저 본드와 전기 타커로 고정시킨 후 밑판을 넣어 옆판 쪽에서 전기 타커로 밑판을 고정시킨다. 그 후 나머지 뒤판을 고정시키면 된다.

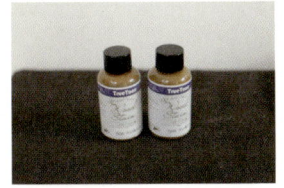

10 페인팅은 수성 스테인 미디엄 오크와 라이트 월넛을 섞어 3회 칠하고 스테인이 완전히 마르면 고운 사포(320방)로 표면을 정리한다. 마지막에 무광 바니시를 1회 칠한다.

11 아래 서랍장에 손잡이와 액자 고리를 달면 완성이다.

28 고즈넉한 감각의 짙은 컬러 수납장

Material
목재 : 삼나무 18T, 미송 합판 9T
공구 : 파워워크샵, 전기 타커, 이중 드릴 비트, 드릴
페인트 : 오일(비오파 이탈리안 앤틱 오일)
부자재 : 본드, 나사못, 손잡이, 스펀지, 페인팅 붓

목재 상세 사이즈
위&아래(삼나무 18T) 80.1×10cm : 2개
옆(삼나무 18T) 24×10cm : 2개
중간(삼나무 18T) 20.4×10cm : 2개
서랍 칸막이(삼나무 18T) 25.5×10cm : 1개
세로 칸막이(삼나무 9T) 20.4×10cm : 8개
뒤(미송 합판 4.8T) 83.7×12cm : 2개
서랍(삼나무 9T)
앞&뒤 25.2×9cm : 2개
옆 9×8.2cm : 2개
아래 23.4×8.2cm : 1개

Furniture Drawing

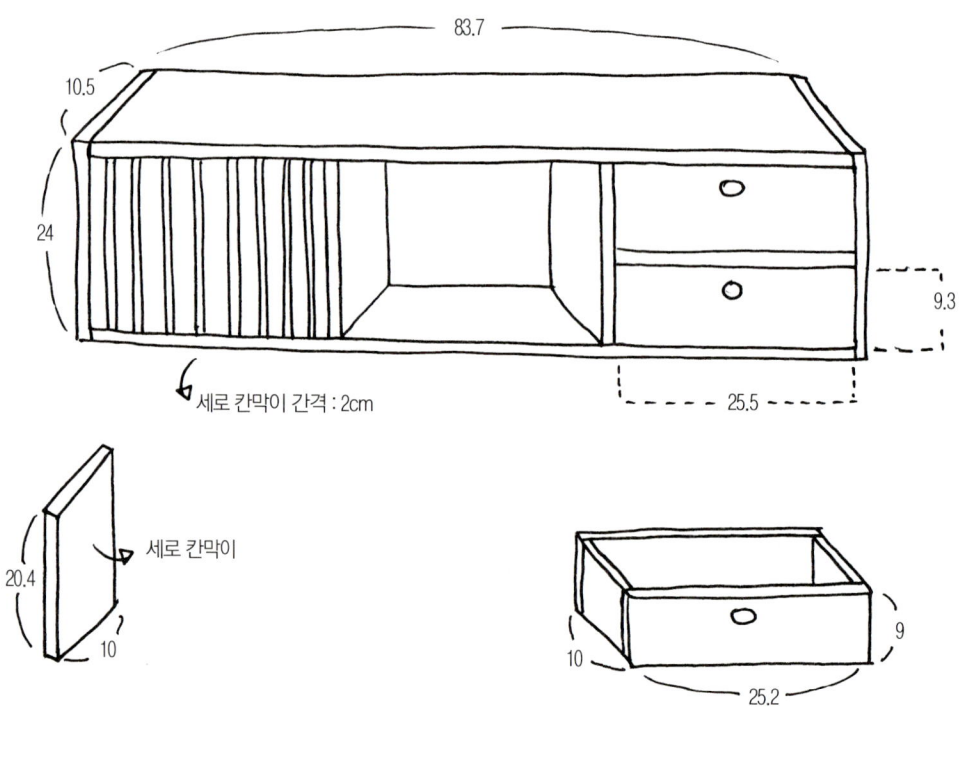

how to make

1 삼나무를 파워워크샵으로 원하는 크기로 자른다.

2 전체적으로 사각 프레임을 만든다. 모든 조립은 본드 칠이 기본이다.

3 프레임에 본드를 바른 후 전기 타커로 임시 고정해 둔다.

4 임시 고정한 곳에 나사못을 박아서 튼튼하게 고정시킨다.

5 전체적인 프레임이 완성된 상태.

6 긴 네모 프레임을 완성한 후 옆쪽에 서랍을 넣기 위해 칸을 만든다. 사진과 같이 프레임 중간 판과 서랍 칸막이를 전기 타커로 고정한다.

7 틀에 맞춰 서랍도 2개 만든다. 이 때 서랍은 기존 프레임보다 2~3mm 작은 사이즈로 만들어야 쉽게 여닫을 수 있다.

8 미송 합판을 파워워크샵으로 잘라 뒤판을 만든 후 본드와 전기 타커로 고정시킨다.

9 서랍이 들어가지 않는 부분에는 쫀쫀한 세로 칸막이를 세운다. 사용되는 목재 역시 파워워크샵으로 크기에 맞춰 자른다. 서랍도 미리 조립해 둔다.(서랍 만들기는 기본 166쪽 참고)

10 이제 도색할 차례. 본체와 서랍, 칸막이를 비오파 이탈리안 앤틱 오일로 1회 바르고 건조시킨다(세로 칸막이의 간격이 2cm로 좁기 때문에 붓질하기가 힘들다. 그래서 칸막이는 도색을 먼저 하고 조립하는 게 편리하다). 완전히 건조되면 세로 칸막이 위치를 밑판에 표시한 후 본드와 전기 타커로 고정시킨다.

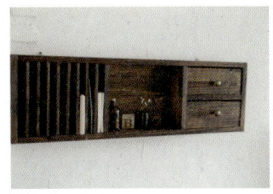

11 서랍 손잡이를 달아서 완성한다.

29 캐비닛을 쏙 닮은 수납장

Material

목재 : 삼나무 패널 18T, 미송 합판 4.8T, 자투리 목재
공구 : 파워워크샵, 전기 타커, 보링 비트, 직소기, 드릴
페인팅 : 오일 스테인(본덱스 다크 월넛), 화이트 페인트, 바니시(알파 유광 바니시)
부자재 : 본드, 나사못, 손잡이, 아크릴 판, 네임 태그, 경첩, 스펀지, 커터 칼, 사포, 페인팅 붓

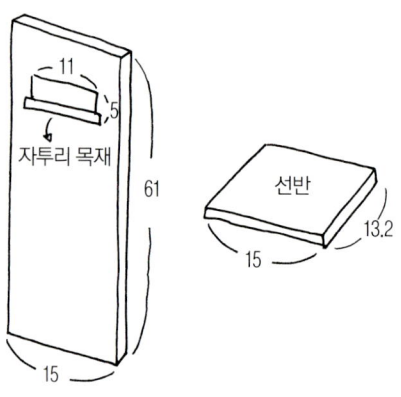

* 선반 달 때 비스듬히 타커를 쏘는 방향

Furniture Drawing

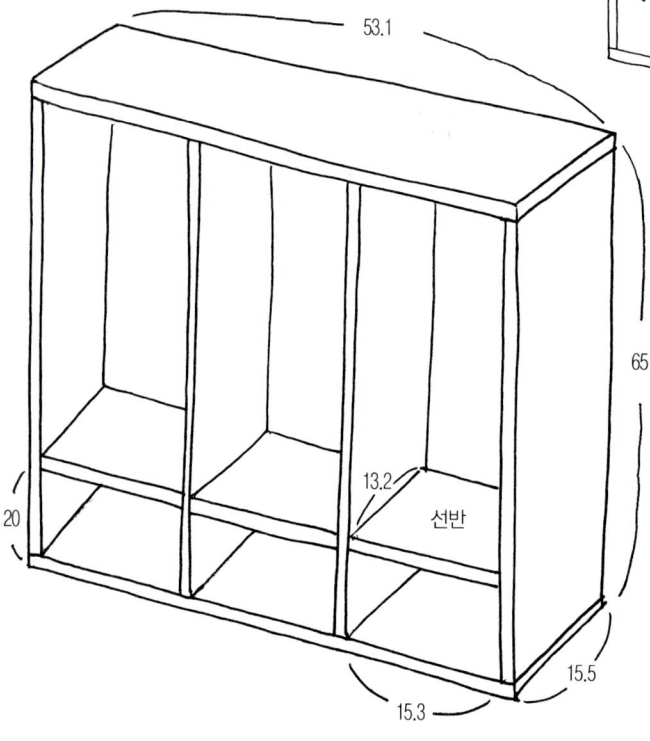

목재 상세 사이즈

위&아래(삼나무 18T) 53.1×15cm : 2개
옆&중간(삼나무 18T) 61.4×15cm : 4개
선반(삼나무 18T) 15.3×13.2cm : 3개
뒤(미송합판 4.8T) 65×53.1cm : 1개
문(삼나무 18T) 61×15cm : 3개
자투리(삼나무 12T) 11×1.5cm : 3개

how to make

1 목재는 삼나무 패널을 이용한다. 디자인을 미리 정한 후 파워워크샵으로 자른다.

2 사진과 같은 순서로 조립한다. 가운데 들어갈 선반은 위치를 체크한 후 본드를 바르고 전기 타커로 비스듬히 쏘아 고정한다(일러스트 그림 참고).

3 밑판과 뒤판을 고정한다.

4 문짝이 될 부분은 상단에 직사각형으로 창 같은 모양을 내준다. 우선은 원하는 모양대로 나무에 그림을 그린 후 보링 비트로 모서리에 구멍을 뚫는다.

5 구멍 속에 직소기 날을 넣어 네모 모양으로 자르면 된다. 네모 구멍 아래쪽에는 자투리 목재를 잘라 붙여서 포인트 모양을 내준다.

6 기본 프레임에 문을 끼워서 크기를 맞춰 본다.

7 하도제로 오일 스테인 다크 월넛을 스펀지로 칠한다. 건조되면 사포로 표면을 다듬은 후 따뜻한 화이트 컬러로 3회 색을 입힌다.

 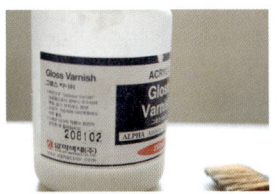  

8 건조가 끝나면 커터 칼로 살짝 긁어서 빈티지한 느낌을 살린다.

9 유광 바니시를 발라 마무리한다.

10 아크릴판 자투리를 사이즈에 맞게 잘라서 드릴로 나사못이 들어갈 구멍을 낸다.

11 문으로 사용할 판재 안쪽에서 나사못 작업으로 아크릴 판을 붙인다.

12 집에 있던 네임 태그를 화이트로 칠해서 건조시킨 다음 못으로 문 아래에 단다.

13 손잡이는 잠금 장치의 일부를 사용했다. 잠금 장치의 고리만 못으로 고정하면 된다. 마지막으로 경첩을 이용해 문짝을 달고 마무리한다.

30 공간 박스로 만든 아이 수납장

Material

목재 : 공간 박스(타이거우드에서 구입), 삼나무 18T, 12T
공구 : 건 타커, 전기 타커, 다보 톱, 드릴, 직소. 이중 드릴 비트
페인트 : 우드 스테인(제너럴피니시 우드 스테인 내추럴),
우드 스테인(트루톤 라이트 월넛), 수성 스테인
(본덱스 수성 스테인 앤틱 브라운), 바니시(아이생각)
부자재 : 본드, 나사못, 목심, 사포, 투명 실리콘, 글루건,
경첩, 손잡이, 자석, 유리, 페인팅 붓. 스펀지

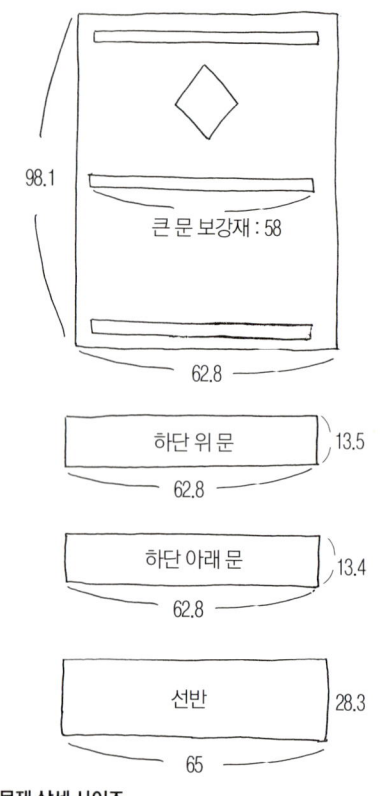

Furniture Drawing

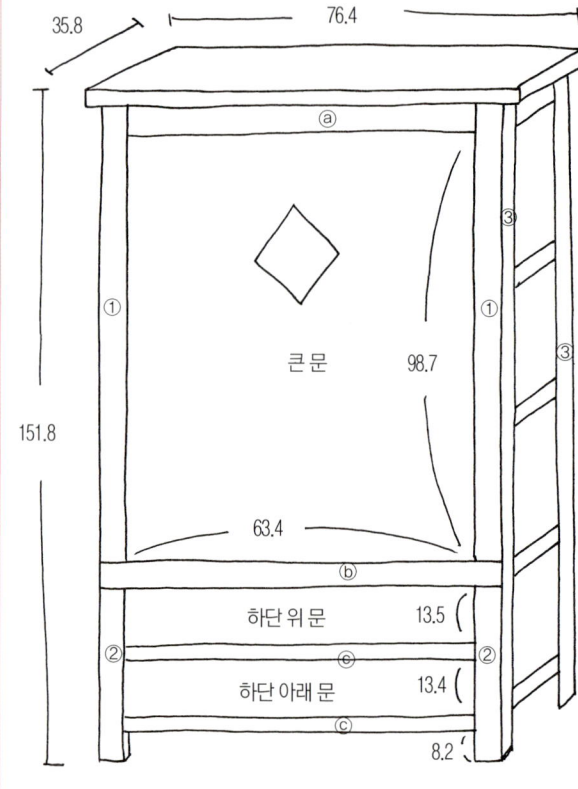

목재 상세 사이즈

공간 박스(삼나무 18T- 업체에 따라 사이즈가 다를 수 있다)
가로 68.8cm, 세로 35cm, 폭 30cm : 총 4개
상판(삼나무 18T) 76.4×35.8cm : 1개
밑판 보강재(삼나무 18T) 68.8×4.5cm : 2개
세로 보강재(삼나무 18T)
① 103.2×4.5cm : 2개 ② 42.3×4.5cm : 2개 ③ 150×4.5cm : 4개
가로 보강재(삼나무 18T)
ⓐ 63.4×4.5cm : 1개 ⓑ 72.4×4.5cm : 1개 ⓒ 63.4×3.6cm : 2개
옆판 보강재(삼나무 18T) 21×4.5cm : 10개
다리 보강재(삼나무 18T) 10×4.5cm : 4개
큰 문(삼나무 18T) 98.1×62.8cm : 가능한 한 통판으로 주문할 것,
큰 문 보강재(삼나무18T) : 58×4.5cm → 3개
하단 위쪽 문(삼나무 12T) 62.8×13.5cm : 1개
하단 아래 문(삼나무 12T) 62.8×13.4cm : 1개
하단 선반(삼나무 12T) 65×28.3cm : 1개

how to make

<u>1</u> 반제품 삼나무 공간 박스를 구입해서 4개를 조립한다(공간 박스는 업체마다 사이즈가 다를 수 있다).

<u>2</u> 박스 중앙에 있던 고정목은 따로 사용하기 위해 떼어낸다(나중에 문짝 유리를 고정할 때 사용한다).

<u>3</u> 본드와 전기 타커로 박스 4개를 쌓아서 붙인다.

<u>4</u> 가구 전체의 밑판과 옆판에 세로 보강재를 덧대기 위해 삼나무 18T를 4.5cm 폭으로 길이 사이즈대로 자른다. 옆판의 세로 보강재는 가구 다리의 길이도 포함되어 있다.

<u>5</u> 박스의 밑판 보강재와 옆판의 세로 보강재 ③을 본드와 전기 타커로 고정시킨다.

<u>6</u> 더 튼튼하게 고정하기 위해서 이중 드릴 비트로 구멍을 낸 다음 나사못으로 고정한다. 이중 드릴 비트 작업을 하지 않으면 나무가 갈라질 수 있으므로 조심한다.

<u>7</u> 옆판의 가로 보강재도 고정시킨다.

<u>8</u> 다리 부분 완성하기. 옆쪽에 세로 보강재를 붙일 때 다리 길이까지 생각해서 고정시킨 다음 사진과 같이 길이에 맞게 다리 보강재를 자른 후 전기 타커로 고정시킨다.

<u>9</u> 제법 키가 큰 수납장이 완성됐다.

<u>10</u> 이제 문을 달 순서. 앞쪽도 가로, 세로 보강재(ⓐ,ⓑ,ⓒ)를 이중 드릴 비트와 나사못을 이용해 고정한다.

11 수납장 제일 아래칸은 반으로 나눠서 각각 여닫이문을 달아준다. 가운데 선반을 넣고 옆판 쪽에서 나사못으로 고정한다. 그다음 세로, 가로 보강재(ⓑ, ⓒ)를 덧댄다.

12 나사못을 박은 곳에 목심을 넣는다. 나사못 구멍에 본드를 소량 넣고 목심을 박은 다음 잘 말린다.

13 본드가 마르면 다보 톱으로 목심을 자르고 사포(220방)로 표면을 다듬는다.

14 문짝을 만들 목재를 준비한다. 통판이 있다면 그대로, 없다면 패널끼리 연결해서 문을 만든다.

15 패널을 바닥에 나란히 펼친 후 보강재 3개를 덧대서 나사못 작업을 한다. 이 수납장처럼 사이즈가 큰 문을 제작할 때는 뒷면에 가로 보강재를 덧대 주어야 한다. 그렇지 않으면 시간이 지나면서 문짝이 휠 수 있다

16 문 중앙에 작은 마름모 모양을 만들기 위해 유리 사이즈보다 조금 작은 크기의 사각형을 스케치한다.

17 드릴로 구멍을 내고 직소기를 이용해 마름모 모양을 낸다.

18 ⓐ에서 떼어 두었던 고정목을 마름모 모양의 창 테두리 부분에 전기 타커로 고정시킨다.

19 투명 실리콘과 글루건으로 유리를 문짝 뒤에서 고정시킨 다음 유리 라인에 따라 실리콘을 한 번 더 쏘아준다.

20 유리의 실리콘이 굳으면 경첩을 이용해 문을 단다.

21 수납장 안은 제너럴피니시 우드 스테인 내추럴 색상을 1회 칠한다.

22 외부는 트루톤 우드스테인 라이트 월넛을 스펀지로 2회 칠한다.

23 수납장 위의 상판이 될 패널을 자른다. 상판은 통판으로 고정시켜도 된다.

24 상판에 수성 스테인 앤틱 브라운을 2회 칠한다. 건조되면 사포(400방)로 표면을 다듬는다. 상판 고정은 본드와 전기 타커를 사용한다.

25 마지막으로 수납장에 아이생각 바니시를 1회 칠한다. 건조되면 손잡이와 자석을 달아 완성한다.

시중에서는 살 수 없는 나만의 소품 만들기

**어느 집에나 다 있는 소품이 싫다면?
데코 살림에서 문구용품까지 핸드메이드로!**

작은 집에 살다 보면 이상하게 하고 싶은 게 참 많아집니다. 이런 가구도 들이고 싶고, 이렇게도 고치고 싶고, 페인트로 색을 바꿔보고 싶기도 하고…. 작지만, 작은 집이지만, 그래도 그림처럼 예쁘게 단장하고 싶어서 자꾸 욕심이 생기는 거예요.

하지만 쉽지 않죠. 비용이 많이 드니까 망설이게 되고, 어차피 집도 작은데 뭘… 하면서 포기하게 되니까요. 저는 그래서 핸드메이드를 시작한 것 같아요. 내가 원하는 품질의 살림들을 일일이 사기에는 너무 비싸고, 그렇다고 그냥저냥 살아보기는 아쉽고 해서요. 내가 만들면 내가 원하는 디자인에 색까지 더해서 얼마든지 개성 있는 아이템을 가질 수 있으니까요. 조금만 고생하면 한 코너 또 한 코너씩 단장할 수 있으니까요. 그렇게 점점 세월이 쌓이다 보니 집 안은 온통 내 손으로 만든 것들의 집합소가 되더군요.

참 잘한 일이야, 하면서 가끔 제 마음을 다독다독해 줍니다. 무언가를 만들어가는 삶이란, 그것이 아주 사소한 것들이라고 해도 '나는 늘 무언가를 하고 있다'는 기쁨까지 느끼게 해주니 좋습니다. 더구나 그렇게 조금씩 집이 새 모습으로 변해 가는 것을 가족들이 좋아해 주면 더욱 신이 납니다. 작은 집이어서 더 좋다고 위안하기도 합니다. 운동장 같은 넓은 집이라면 감히, 내가 만든 물건으로 공간을 다 채울 엄두 같은 건 내지 못했을 테니까요.

지금부터는 소품 만들기 방법을 소개하려고 합니다. 어쩌면 '이렇게 시시한 걸 꼭 만들어야 되나?' 하고 생각하시는 분들이 있을 것도 같아서 지레 겁을 먹고 있습니다. 저는 재미가 나서 만들고 있습니다만, 정작 소개를 하려니 이런저런 걱정이 앞서는군요. 그래도 용기를 냅니다. 비어 있는 벽면에 선반 하나 만들어 달아 놓고도 충분히 행복한 누군가가 있을 거라는 마음으로 말입니다. 그럼 시작해 볼까요?

31 개나리를 닮은 노란 선반

Material

목재 : 반제품(스프러스 목재, 리버그린에서 구입)
공구 : 드릴
페인트 : 오일 스테인(본덱스 도토리 색), 페인트(벤자민무어 리갈 208-Da Vinci's canvas) 앤틱 글레이즈 브라운(제너럴피니시)
부자재 : 본드, 액자 고리, 스펀지, 페인팅 붓, 커터 칼

how to make

<u>1</u> 아주 간단하게 조립할 수 있는 반제품 선반을 구입한다.

<u>2</u> 상판과 양옆을 드릴로 조립한다.

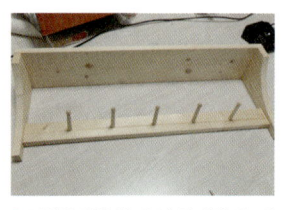

<u>3</u> 드릴을 이용해 ②의 아래에 훅 걸이대를 고정시키면 완성이다.

<u>4</u> 선반에 전체적으로 오일 스테인 도토리 색을 스펀지로 1회 칠한다.

<u>5</u> 오일 스테인을 완전히 건조시킨다.

<u>6</u> 오일 스테인이 건조되면 페인트 리갈 208-Da Vinci's canvas를 2회 칠한다.

<u>7</u> 빈티지한 분위기를 살리기 위해 걸이대 부분은 듬성듬성 앤틱 글레이즈 브라운을 스펀지로 터치해 준다.

<u>8</u> 페인트가 건조되면 커터 칼로 살살 긁어서 빈티지한 느낌을 살린다.

32 세월 흔적 가득한 화이트 옷걸이

Material
목재 : 스테인 입힌 나무 조각
공구 : 드릴
페인트 : 리갈 AF-20(벤자민무어), 바니시(벤자민무어 고광 바니시)
부자재 : 화이트 훅, 나사못, 액자 고리, 페인팅 붓

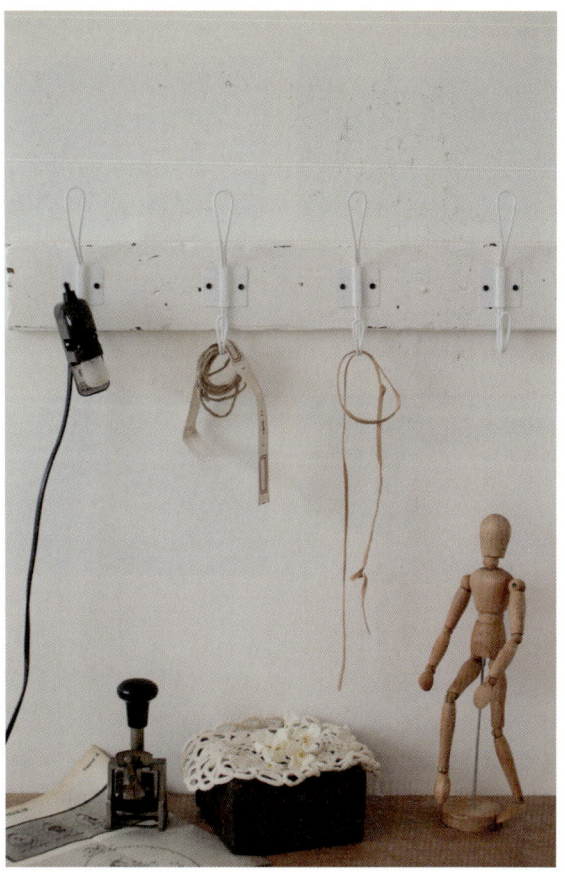

how to make

<u>1</u> 다른 가구를 만들 때 사용했던 스테인 입힌 목재를 준비한다.

<u>2</u> 리갈 AF-20(mascarpone) 페인트를 3회 칠한다.

<u>3</u> 화이트 컬러가 짙은 목재 컬러를 모두 없애서 깨끗하게 변신했다.

<u>4</u> 페인트가 완전히 건조되면 고광 바니시를 2회 칠한다.

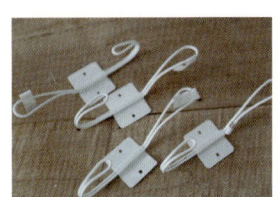

<u>5</u> 독특한 디자인의 하얀색 훅을 준비한다.

<u>6</u> 목재 위에 자리를 표시해 두었다가 드릴을 이용해 훅을 고정시킨다.

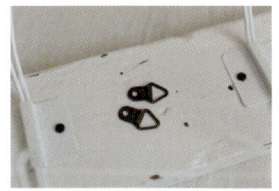

<u>7</u> 목재 뒤편에는 액자 고리를 달아 마무리한다.

33 철사 달린 빈티지 매거진 랙

Material
목재 : 오리지널 빈티지 티크 9T 자투리, 미송 합판 패널 4.8T, 가로목용 자투리 목재 9T
공구 : 전기 타커, 파워워크샵, 드라이버
페인트 : 스테인(벤자민무어 아보코트 스테인 옥스퍼드 브라운)
부자재 : 본드, 검은색 와이어, 나사못, 피스, 페인팅 붓

Furniture Drawing

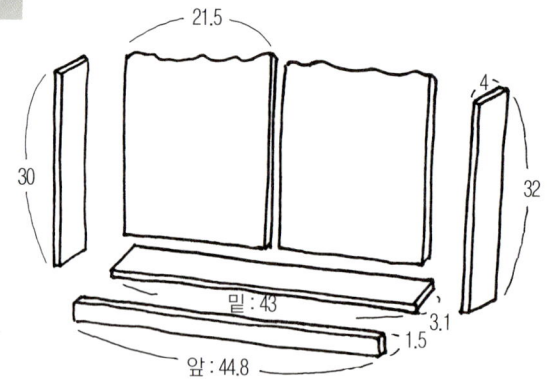

목재 상세 사이즈
본체의 모든 목재(오리지널 빈티지 티크 9T)
앞 44.8×1.5cm : 1개, 좌 30×4cm : 1개
우 32×4cm : 1개, 아래 43×3.1cm : 1개
뒤 21.5×26cm : 2개
뒤쪽 보강재(미송 합판 4.8T)
44×10cm : 2개(고재의 특성상 옆판의 길이가 다르다)

how to make

1 키앤호 제품, 오리지널 빈티지 티크 자투리 두 장을 이어 붙인다.

2 ①의 뒷면에서 미송 합판 패널을 본드와 전기 타커를 이용해 고정시킨다.

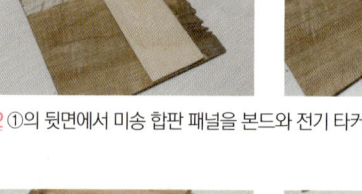

3 나머지 고재는 파워워크샵을 이용해 좁은 폭으로 자른다.

4 ③에서 자른 고재를 ①의 아래와 양옆에 고정시킨다.

5 책이 밑으로 빠지지 않도록 아래 정면 쪽에 가로목을 하나 더 덧댄다.

6 여기까지 완성한 다음 아보코트 스테인 옥스퍼드 브라운 컬러를 1회 칠하고 건조시킨다.

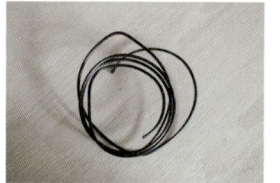

7 검은색 와이어를 나사못을 이용해 평평하게 편 다음 양 끝을 둥근 모양으로 만들고 나사못으로 조여 매거진 랙 앞에 고정시킨다.

34 화이트 빈티지 우편함

Material

목재 : 삼나무 12T
공구 : 파워워크샵, 전기 타커
페인트 : 수성 스테인(트루톤 미디엄 오크), 벤자민무어 리갈 클라우드 화이트
부자재 : 본드, 콘크리트 못, 네임 태그, 스펀지, 페인팅 붓, 커터 칼

Furniture Drawing

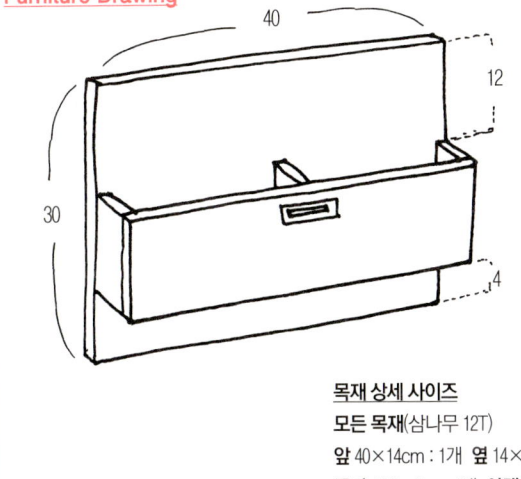
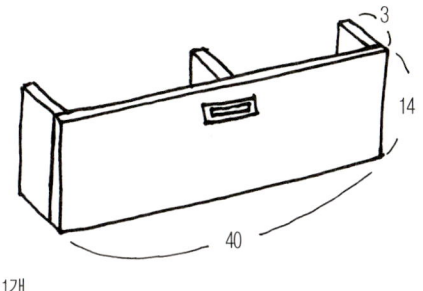

목재 상세 사이즈
모든 목재(삼나무 12T)
앞 40×14cm : 1개 옆 14×3cm : 2개
중간 12.8×3cm : 1개 아래 37.6×3cm : 1개
뒤 40×30cm : 1개

how to make

1 간단하게 도안을 그린 다음 파워워크샵으로 나무를 크기대로 자른다.

2 본드와 전기 타커를 이용해 양 옆판, 중간 판, 밑판 순서로 앞쪽 박스 조립을 해준다.

3 도색을 하고 뒤판과 박스 조립을 한다. 우선 스펀지로 스테인을 2회 칠한 후 건조시킨다.

4 건조가 되면 뒤판 뒤쪽에서 전기 타커를 쏘아 결합시킨다.

5 투박해서 빈티지와 잘 어울리는 콘크리트 못을 박스 아래에 박는다.

6 이렇게 완성되면 그 위에 화이트 페인트를 3회 칠하고 건조시킨다. 건조가 끝나면 커터 칼로 페인트를 벗겨 빈티지함을 살린다.

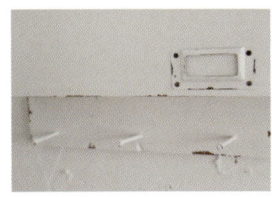

7 네임 태그도 페인트를 바른 후 나사못으로 고정시킨다.

35 트레이 스타일 매거진 랙

Material
목재 : 레드시다 18T(혹은 자투리 목재), 미송 합판 4.8T
공구 : 파워워크샵, 전기 타커, 드릴
페인트 : 스테인(벤자민무어 아보코트 스테인 옥스퍼드 브라운), 부식 페인트
부자재 : 목공용 본드, 못 쓰는 빨래 건조대의 봉

Furniture Drawing

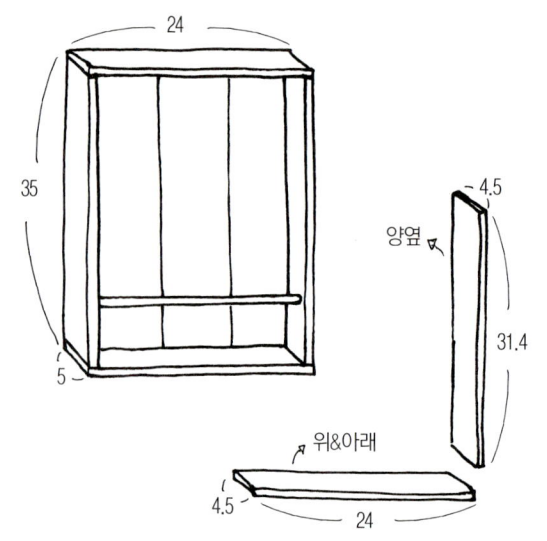

목재 상세 사이즈
위&아래(레드시다 1.8T) 24×4.5cm : 2개
옆(레드시다 1.8T) 31.4×4.5cm : 2개
뒤(미송 합판 4.8T) 35×8cm : 3개
봉 21cm

how to make

1 레드시다 목재를 준비한다. 혹은 자투리 목재라도 상관없다.

2 파워워크샵을 이용해 같은 크기로 가로 2개, 세로 2개의 조각을 만든다.

3 못 쓰는 빨래 건조대의 봉을 준비해 부식 페인트로 부식시킨다.

4 ②를 목공용 본드와 전기 타커로 기본 박스 모양으로 조립한다. 봉을 고정시킬 자리에는 봉의 사이즈와 비슷한 크기의 비트를 드릴에 끼운 후 양 옆면에 구멍을 낸다. 이때 구멍은 목재 두께의 반 정도 깊이 까지만 뚫어준다.

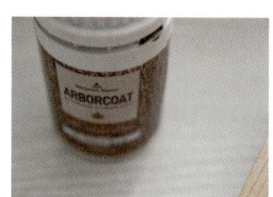

5 뒤판은 미송 합판을 크기에 맞춰 자른 다음 전기 타커로 고정시킨 후 아보코트 스테인 옥스퍼드 브라운 컬러를 2회 칠해 완성한다.

36 체인 달린 빈티지 옷걸이

Material

목재 : 스프러스 18T
공구 : 직소기, 펜치, 드릴
페인트 : 오일 스테인(본덱스 도토리 색), 페인트(벤자민무어 어드반스 AF-345 · 벤자민무어 스테인 옥스퍼드 브라운), 바니시(벤자민무어 저광 바니시)
부자재 : 옷걸이, 사포, 목봉 또는 나뭇가지, 체인, 고리, 포장용 종이, 풀, 스펀지, 커터 칼, 페인팅 붓

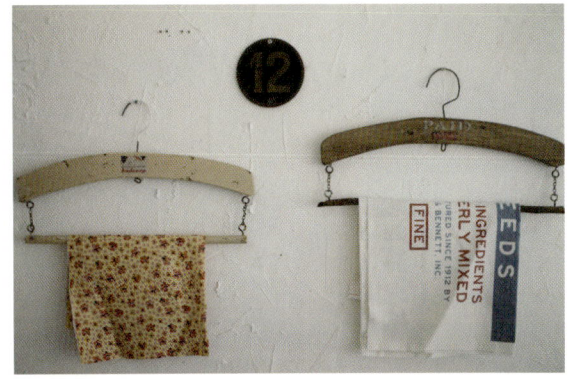

how to make

1 스프러스 목재 18T 위에 옷걸이를 대고 스케치를 한다.

2 직소기로 옷걸이 모양을 자른다.

3 자른 후에는 사포(220방)로 표면을 매끄럽게 다듬는다.

4 옷걸이 아래에 장착할 목봉 또는 나뭇가지를 준비한다.

  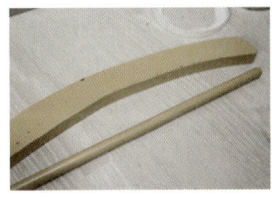 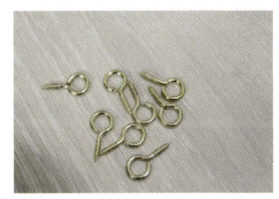

5 하도제로 오일 스테인 도토리 색을 스펀지로 1회 도색한다.

6 스테인이 건조되면 벤자민무어 어드반스 AF-345(Honeymoon)을 2회 칠한다.

7 완전히 건조시킨 후 커터 칼로 스크래치를 내준다.

8 체인을 걸 수 있도록 미리 고리를 준비한다.

9 나사못처럼 생긴 고리는 힘을 주면서 돌리기만 해도 고정이 된다. 체인을 걸기 위해 고리를 끼운다.

10 옷걸이 가운데 부분은 포장용 종이를 풀로 붙여서 포인트를 준다.

11 옷걸이 길이에 맞춰 목봉이나 나뭇가지에도 고리를 끼워 둔다.

12 빈티지한 느낌의 체인을 옷걸이와 목봉 사이에 고정시킨다.

13 세탁소에서 사용하는 옷걸이를 준비한 다음 동그란 고리 부분만 펜치로 떼어낸다.

14 옷걸이 윗부분에 드릴로 구멍을 내고 ⑬에서 준비한 고리 부분을 고정시킨다.

15 전체적으로 저광 바니시를 1회 바른다.

16 나머지 하나는 벤자민무어 스테인 옥스퍼드 브라운을 1회 바른 후 같은 방법으로 고리를 달아서 완성한다.

37 우드 프레임 클립 행어

Material

목재 : 고재 오리지널 티크 9T 자투리
공구 : 전기 타커, 망치, 롱로우즈, 펜치
부자재 : 얇은 체인 줄, 클립, 본드, 고리, 끈

Furniture Drawing

목재 상세 사이즈
가로 23.2×1.5cm : 3개
세로 25×1.5cm : 2개

how to make

1 고재로 가구를 만들고 남은 자투리 목재를 원하는 사이즈로 자른다.

2 사진과 같은 순서로 본드와 전기 타커로 고정시키면서 조립한다.

3 돌려서 고정하는 부속인 작은 사이즈의 고리를 준비한다.

4 고리를 꼭 눌러서 돌려가면서 구멍 사이에 넣은 다음 펜치를 이용해 돌려가며 튼튼하게 고정시킨다.

5 원하는 곳에 모두 고리를 고정시킨 모습.

6 얇은 체인 줄과 클립을 준비한다.

7 롱로우즈와 펜치를 이용해 체인의 양 끝 입을 벌려준 다음 고리에 건다.

8 집게를 끈으로 묶어서 체인에 고정시킨다.

9 우드 행어 프레임의 중앙에 고리를 단다. 철사를 물음표 모양으로 구부린 후 중앙의 고리에 걸어준다.

38 새 옷 갈아입은 낚시 의자

Material

공구 : 드릴
페인트 : 리갈 HC-127(벤자민무어)
부자재 : 낡은 낚시 의자, 재봉틀, 커트지, 종이 원단, 페인팅 붓, 커터 칼

how to make

1 아이가 사용하던 반제품. 편리해서 좋긴 한데, 원단과 프레임 색이 영 마음에 들지 않아서 리폼을 시도해 봤다.

2 엉덩이 부분의 원단을 분리하기 위해 드릴로 반제품 자체를 분리한다.

3 깨끗하게 분리된 청 원단.

4 종이 원단을 준비한다(종이 원단은 크래프트 종이 재질의 원단으로 세탁, 다림질, 재봉이 모두 용이하다).

5 종이 원단을 원하는 모양대로 가위로 자른다.

6 모양이 예쁜 커트지를 준비했다가 종이 원단, 청 원단과 함께 재봉틀로 박는다.

7 원단 위에 페인트를 흩뿌리듯 뿌려 빈티지한 느낌을 살린다.

8 의자의 나무 프레임에 리갈 HC-127(Fairmont green) 페인트를 총 2회 칠한다.

9 충분히 건조되면 커터 칼로 긁어서 스크래치를 낸 후 다시 재조립을 하여 완성한다.

39 커피 자루로 만든 액자형 걸이

Material

목재 : 레드시다 26T, 고재 오리지널 티크 15T
공구 : 이중 드릴 비트, 건 타커, 전기 타커
페인트 : 오일 스테인(본덱스 월넛 컬러)
부자재 : 낡은 커피 자루, 가위, 본드, 나사못, 스펀지, 낡은 못

목재 상세 사이즈

위&아래(레드시다 26T) 39.8×5.5cm : 2개
옆(레드시다 26T) 50×5.5cm : 2개
보강재(오리지널 빈티지 티크 15T) 39.8×2.5cm : 1개

Furniture Drawing

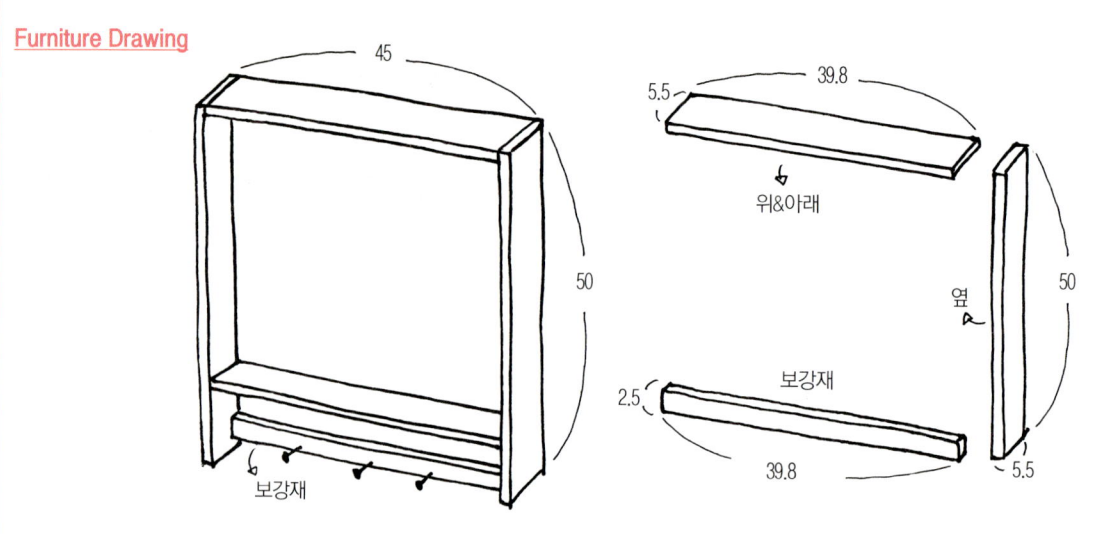

how to make

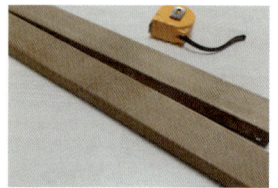

1 빈티지한 느낌을 살리기 위해 레드시다 목재를 사이즈에 맞춰 자른다.

2 ㄱ, ㄷ, ㅂ자 모양으로 순서대로 조립한다. 조립 방법은 본드를 붙인 후 나사못을 박는 순서로 작업한다.

3 ㅂ자 모양의 아랫부분에는 고재 자투리 보강재를 본드와 전기 타커로 고정시킨다.

4 모양이 전체적으로 완성된 모습.

5 나뭇결의 느낌을 살리기 위해 오일 스테인 월넛 컬러를 스펀지로 1회 칠한다

6 낡은 커피 자루를 사이즈에 맞춰 가위로 자른다.

7 건 타커로 액자 뒤쪽에서 팽팽하게 고정시킨다. 커피 자루가 없다면 커트지나 원단을 사용해도 예쁘다.

8 아래쪽에 덧댄 보강재 위에 물에 담가 오랫동안 부식시켜 두었던 못을 박아주면 완성.

40 빈티지 사인 보드

Material

목재 : 자작나무 9T & 스프러스 18T, 오리지널 티크 12T 자투리
페인트 : 오일 스테인(본덱스 도토리 색), 조색한 초록색 · 회색 페인트
부자재 : 스텐실 도안, 스텐실 · 페인팅 붓, 커터 칼

how to make

<u>1</u> 자작나무, 스프러스, 키앤호에서 받은 오리지널 티크 고재 자투리를 준비한다.

<u>2</u> 고재를 제외한 나머지 목재에 도토리 색 스테인을 칠한 후 건조시킨다.

<u>3</u> 스텐실 도안을 만든다.

<u>4</u> 페인트를 조색해서 짙은 회색과 초록색을 만든다.

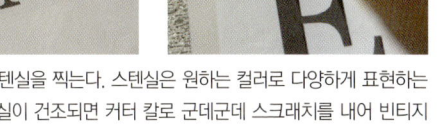

<u>5</u> 색이 잘 먹도록 각각의 목재에 각 2회씩 페인팅을 해서 건조시킨다.

<u>6</u> 마지막으로 스텐실을 찍는다. 스텐실은 원하는 컬러로 다양하게 표현하는 것이 좋다. 스텐실이 건조되면 커터 칼로 군데군데 스크래치를 내어 빈티지한 느낌을 더해 준다.

41 책상 위 칸칸 수납 박스

Material

목재 : 스프러스 18T, 거친 판재 9T
공구 : 파워워크샵, 전기 타커, 건 타커
페인트 : 오일 스테인(본덱스 도토리 색), 바니시
부자재 : 목공용 본드, 사포, 스펀지, 페인팅 붓

Furniture Drawing

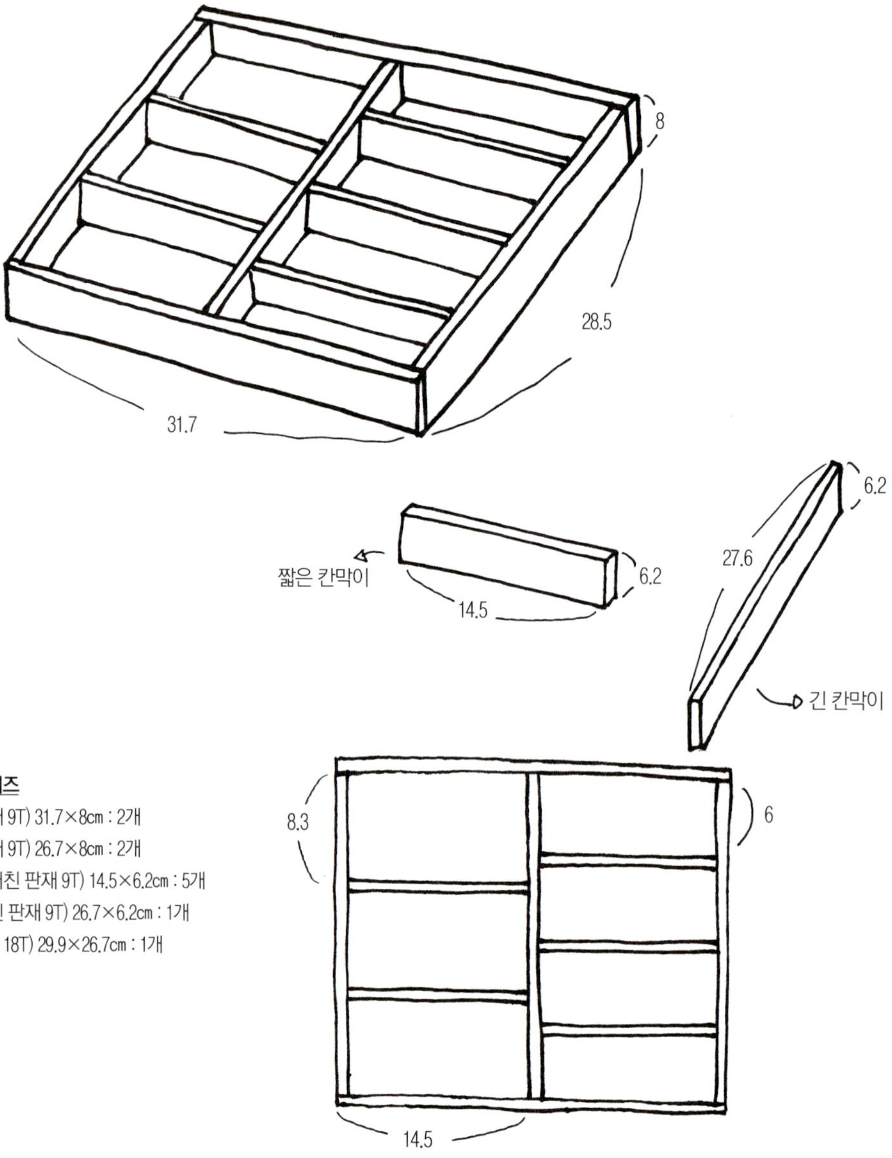

짧은 칸막이
14.5 × 6.2
27.6 × 6.2
긴 칸막이
31.7 × 28.5 × 8
8.3 / 6 / 14.5

목재 상세 사이즈
가로(거친 판재 9T) 31.7×8cm : 2개
세로(거친 판재 9T) 26.7×8cm : 2개
짧은 칸막이(거친 판재 9T) 14.5×6.2cm : 5개
긴 칸막이(거친 판재 9T) 26.7×6.2cm : 1개
아래(스프러스 18T) 29.9×26.7cm : 1개

how to make

 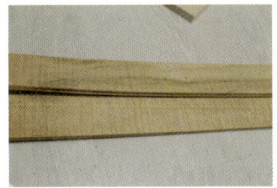  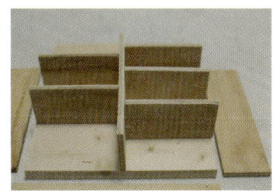

1 밑판은 스프러스로, 옆판과 칸막이는 거친 소재의 판재를 준비한다.

2 미리 도면을 그려 두었다가 파워워크샵으로 목재들을 사이즈에 맞춰 자른다.

3 가운데 칸막이들도 자른 후 크기가 제대로 맞는지 임시로 세워본다.

4 칸막이들은 가운데에 들어가게 되므로 미리 도색을 한 다음 고정시키는 것이 순서. 오일스테인 도토리 색을 스펀지로 칠한다.

5 밑판으로 준비한 스프러스는 밝은 목재이므로 색상의 균형을 맞추기 위해 밑판 스프러스는 3회 도색한다. 이외에 칸막이와 프레임이 되는 거친 판재는 1회씩 칠한다.

6 스테인이 건조되면 목공용 본드를 바른 후 전기 타커를 이용해 상자 모양으로 조립한다.

7 중앙 부분은 따로 조립한다.

8 ⑦을 프레임 안쪽에 넣고 다시 프레임 쪽에서 건 타커를 쏘아 고정시킨다.

9 거친 목재를 이용해 만든 프레임만 사포로 다듬은 후 마지막으로 바니시를 2회 칠해 마무리한다.

42 빈티지 그린 집게 조명

Material
페인트 : 부식 페인트(진회색 베이스 용액), 초록 페인트, 앤틱 글레이즈 반다크 브라운(제너럴피니시), 금색 래커, 바니시(벤자민무어 고광 바니시), 젯소
부자재 : 기존 알루미늄 집게 조명, 마른 거즈 또는 물티슈, 페인팅 붓, 커터 칼

how to make

1 기존 알루미늄 집게 조명. 컬러가 마음에 들지 않아서 새로 페인팅을 해보았다.

2 이번 작업을 위해 부식 페인트(진회색 베이스 용액) ①과 ②를 준비해 둔다.

3 베이스 용액 ②를 바르는데, 이때 젯소를 먼저 발라주면 베이스 용액이 훨씬 잘 먹는다.

4 베이스 용액 ②를 총 2회 바른 후 건조시킨다.

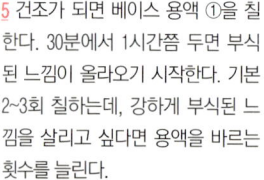

5 건조가 되면 베이스 용액 ①을 칠한다. 30분에서 1시간쯤 두면 부식된 느낌이 올라오기 시작한다. 기본 2~3회 칠하는데, 강하게 부식된 느낌을 살리고 싶다면 용액을 바르는 횟수를 늘린다.

6 부식된 느낌이 살아나면 초록색 페인트를 2회 덧바른다. 막 건조가 되었을 때 커터 칼로 색을 벗겨 빈티지한 느낌을 살린다.

7 ⑥ 위에 앤틱 글레이즈를 바른다. 글레이즈를 1회 바른 다음 마른 거즈나 물티슈로 살짝 닦는다. 앤틱 글레이즈는 닦아내는 정도에 따라서 각기 다른 느낌을 표현할 수 있는 페인트다.

8 머리와 집게 부분을 비닐봉지로 감싼 후 휘어지는 부분에 금색 래커를 살짝 뿌린다. 마지막으로 고광 바니시를 2회 칠해서 마무리한다.

43 낭만적인 우드 자

Material
목재 : 고재 오리지널 티크 9T 자투리
공구 : 톱
페인트 : 앤틱 글레이즈 반다크 브라운(제너럴피니시), 바니시(벤자민무어 고광 바니시)
부자재 : 네임 펜, 패브릭 전사지, 다리미, 레터링지, 사포, 페인팅 붓, 커터 칼

how to make

1 사용하고 남은 자투리 고재로 무엇을 만들까 고민하다가 자를 만들기로 했다.

2 고재를 원하는 사이즈에 맞게 톱으로 자른다. 크기가 작아서 손으로 사용하는 톱으로도 가능하다.

3 자의 형태를 완성하기 위해서는 윗부분을 사선으로 하는 것이 훨씬 예쁘다(멀티2 프로로 다듬는 것보다 커터 칼로 사선 깎기를 하면 그 느낌이 훨씬 더 멋스럽다).

4 사선 자르기가 끝나면 고운 사포(220방)로 다듬어준다. 이렇게 총 3개를 만든다. 앤틱 글레이즈 반다크 브라운을 1회 칠한 후 건조시킨다.

5 네임 펜으로 눈금을 그려준다.

6 목재에도 잘 붙는 패브릭 전사지를 우드 자 위에 놓고 다리미로 다린 후 열이 식으면 살짝 떼어낸다.

7 레터링지를 이용해 단어를 붙인 다음 빈티지한 느낌을 살리기 위해 커터 칼로 살짝 긁는다.

8 바니시를 전체적으로 바른다.

44 무늬만 고재 연필

Material
목재 : 고재 슬라이스 티크 9T 자투리
공구 : 톱
페인트 : 앤틱 글레이즈 반다크 브라운(제너럴피니시), 바니시
부자재 : 사포, 포장지, 전사지, 네임 펜, 일반 붓, 커터 칼, 연필깎이, 다리미

how to make

1 작은 톱으로 고재 자투리를 연필 크기만큼 자른다.

2 다양한 길이의 연필이 완성. 몽당 연필까지 총 6개를 만들었다.

3 모서리 부분을 둥글게 다듬어준다는 느낌으로 커터 칼로 ②를 깎는다.

4 어느 정도 완성되면 사포(220방)를 이용해 표면을 다듬는다.

5 연필심이 될 부분은 연필깎이를 이용해 깎는다.

6 앤틱 글레이즈 반다크 브라운 컬러를 전체적으로 1회 발라 건조시킨다.

7 포장지에 있는 영문 모양을 잘라 연필 손잡이 부분에 붙인다. 포장지가 없다면 잡지에 있는 것도 좋다.

8 나머지는 전사지를 이용해서 붙인다. 전사지를 뒤집어 나무 위에 올린 후 다리미의 약한 열로 문지르고 열이 식으면 종이를 떼어낸다.

9 네임 펜으로 연필심 모양을 낸 다음 바니시를 1회 칠한 후 마감한다.

45 명품 우드 집게

Material
목재 : 고재 리사이클 슬라이스 티그 9T 자투리
공구 : 톱
페인트 : 앤틱 글레이즈 반다크 브라운(제너럴피니시)
부자재 : 기존 나무집게, 페인팅 붓, 커터 칼

how to make

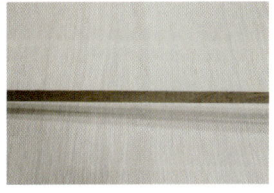

1 키엔호 제품, 고재 리사이클 슬라이스 티크 자투리를 준비한다.

2 작은 자투리이므로 손으로 쓱쓱 톱질해서 원하는 길이로 자른다.

3 집게 길이대로 완성.

4 기존 나무집게의 가운데 철 부분을 분리한다. 이때 기존의 집게 두께와 새로 만들 집게의 두께가 같아야 철 부분을 고정시킬 수 있다.

5 톱날을 이용해 홈을 파서 부속을 끼울 수 있도록 만든다.

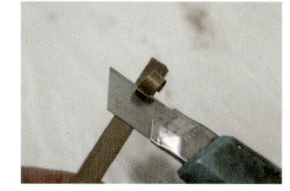

6 커터 칼로 비스듬한 모양으로 깎는다. 기존 나무집게 모양을 보고 그대로 따라 하면 훨씬 편하게 작업할 수 있다.

7 ⑥에 앤틱 글레이즈 반다크 브라운을 1회 칠한다.

8 부속을 끼워서 고정한다.

46 주사위 & 주사위 박스

Material

목재 : 고재 슬라이스 티크 9T, 각목
공구 : 톱, 전기 타커, 각도 톱질대
페인트 : 오일 스테인(본덱스 월넛 컬러), 밀크 페인트 블랙 컬러 (올드 빌리지), 바니시(본덱스)
부자재 : 경첩, 전사지, 사포, 스펀지, 다리미, 스텐실 도안, 스텐실용 붓, 커터 칼

목재 상세 사이즈
앞&뒤 16.2×5cm : 2개
옆 5.9×5cm : 2개
아래 16.2×5cm : 1개
뚜껑 18×5cm : 1개
주사위 각목 3×3cm

how to make

1 고재와 각목을 각각 톱으로 자른다. 각목은 주사위, 고재(빈티지 슬라이스 티크)는 박스가 된다.

2 톱으로 자른 후의 모양.

3 주사위 박스를 만들기 위해 고재를 밑-앞-양옆-뒤판의 순서대로 본드와 전기 타커로 고정시킨다. 뚜껑은 경첩을 뒤판 쪽에서 달아서 완성한다.

4 주사위용 각목은 커터 칼로 모서리 부분을 다듬은 후 사포로 정리한다.

5 오일 스테인 월넛 컬러를 스펀지로 1회 칠한다.

6 1차 건조가 끝나면 밀크 페인트 블랙 컬러로 스텐실을 한다.

7 각각 다른 이니셜을 넣어서 변화를 준다.

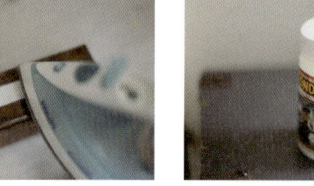

8 전사지를 박스에 붙여 모양을 낸다. 전사지를 뒤집어 나무 위에 올린 다음 다리미의 약한 열로 문지르고 열이 식으면 종이를 떼어낸다.

9 바니시를 1회 발라 마무리한다. 바니시를 바르면 레터링지나 전사지가 벗겨지지 않아서 좋다.

47 버튼 장식 카드

Material
공구 : 가위
부자재 : 빈티지 단추, 두꺼운 도화지, 커피 물, 다리미, 색지, 전사지, 낡은 종이

how to make

1 빈티지 단추를 준비한다. 바느질 소품을 판매하는 곳에서 구입하거나 집에 있는 낡은 옷의 단추를 떼어내는 것도 한 가지 방법.

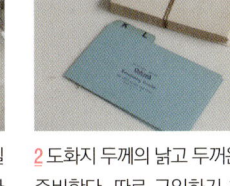

2 도화지 두께의 낡고 두꺼운 종이를 준비한다. 따로 구입하기 힘들다면 두꺼운 종이에 커피 물을 바른 다음 건조시켜 빛바랜 느낌을 연출한다.

3 전사지를 원하는 모양대로 가위로 자른다.

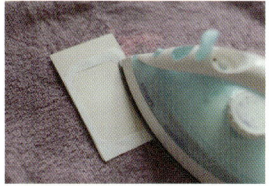

4 전사지를 뒤집어서 붙일 곳에 올린 다음 뜨거운 다리미로 눌러준 후 열이 식으면 전사지 종이를 떼어내서 모양을 낸다.

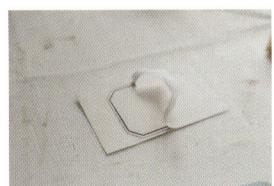

5 색지에 따로 전사지를 붙이고 가위로 자른 다음 준비한 두꺼운 낡은 종이에 붙인다.

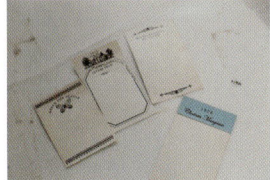

6 이런 방법으로 원하는 전사지 모양을 만들어 총 4장의 카드를 만든다.

7 어울리는 단추를 골라서 카드에 바느질로 붙인다.

Epilogue

큰 집이 아니어도,
큰 돈 들이지 않아도…
수고롭게 매만진 작은 집에서
행복을 배웁니다

저희 집은 아직 완성이 아닙니다.
아마 저희 가족이 사는 동안에는
매일매일 조금씩 변할 거예요.
그 작은 변화 속에는 우리 가족의
사는 이야기가 함께 담겨 있어요.
남편이 조금 더 편할 수 있도록,
아이가 조금 더 행복할 수 있도록
배려와 사랑을 풀어내는 거죠.
"어머! 이 집은 정말 카페 같아요!"
놀러온 누군가의 말에 신이 납니다.
"역시 우리 집이 제일 편하고 좋아!"
남편의 한 마디에 살맛이 나지요.
엄마가 만들어 놓은 칠판 벽면에
하루 종일 납작하게 붙어 서서는
무언가를 그려내고 있는 아이를 보니
더 이상 바랄 게 없이 만족스럽습니다.
이러면, 이만하면 되는 게 아니겠어요?
이 책을 만나신 여러분 모두에게도
집이 이런 곳이었으면 하고 바라봅니다.
저희 가족에게 집은 신 나는 놀이터이자,
무언가를 계속해서 채워 넣어야 할
도란도란한 꿈의 상자이니 말입니다.

쭌사마 심숙경 씀

엄마의 작은 개조

초판 1쇄 발행 2014년 5월 1일

지은이 | 심숙경
펴낸이 | 김우연, 계명훈
기획·진행 | fbook
　　　　　김수경, 김연, 배수은, 박혜숙, 김진경, 최윤정
마케팅 | 함송이
디자인 | design group ALL(02-776-9862)
사진 | 심숙경, 한정수(etc. studio 02-3442-1907)
교정 | 김혜정
인쇄 | 애드샵
펴낸 곳 | for book 서울시 마포구 공덕동 105-219 정화빌딩 3층
　　　　 02-753-2700(판매) 02-335-3012(편집)
출판 등록 | 2005년 8월 5일 제 2-4209호

값 15,000원
ISBN 978-89-93418-81-1　13590

본 저작물은 for book에서 저작권자와의 계약에 따라 발행한 것이므로
본사의 허락 없이는 어떠한 형태나 수단으로도 이 책의 내용을 사용할 수 없습니다.

※ 잘못된 책은 바꾸어 드립니다.

H.I.M. THE EMPR

H.I.H. THE GRAND
OF RU

ASHANTEE HA
BY THE PATENT AWNING
al Summer's Day affords the most luxurious repose obtainable.

CURIOUS AMONG
D OF FANCIFUL
S TO SEE ONE
S UNMISTAKABLY
FERN. SIMPLE,
IDERFULLY STY
O MORE BECOMING
THE FRILLS AND
OWS." — "LIFE."

GOLD MEDAL FOR EXCELLE
all, Special "Times" Correspondent, says:

7½, St. Mary's Row, Bir
N LANE, LONDON, E.C.
s, Hosiers, Tent and Garden Furniture Dea
&c., or in the absence of Retailers, by the

AIX LA CHAP
THERMAL WAT

SHIRTS.—FORD'S EUREKA.—
"The most perfect-fitting made."—Observer.
Gentlemen desirous of purchasing shirts of the best quality should try Ford's "Eureka," 30s., 40s., 45s., half dozen.—R. FORD and CO., 41, Poultry, London.

ÆGIDIUS.—The only FLANNEL SHIRTS that never shrink in washing.

"IT IS CURIOUS A
A CROWD OF FAN
TOILETTES TO SEE
WHICH IS UNMISTA
A REDFERN. S
YET WONDERFULLY
LISH, AND MORE BEC
THAN ALL THE FRILL
FURBELOWS." — "
September 7.

WA DING SUITS.

NOTICE.—By constant study and
it that might almost be called perfe

IES LIVING ABROAD OR IN T
which, if the Measurement Form sen

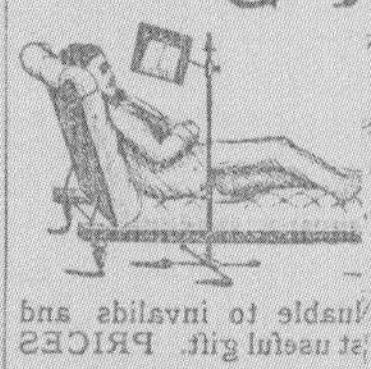

BLACK SILK DRESS
£3 3s. Carriage Paid (United Kin

MESSRS. CAPPER, SON
CO. SUPPLY
DRESS MATERIALS, PLAIN AND FANCY

Invaluable to invalids and
A most useful gift. PRICES

IRISH LINEN
COLLARS,
CUFFS.

RIDING HABITS

HILL AND
LON

SPECIAL NOTICE.

SON'S

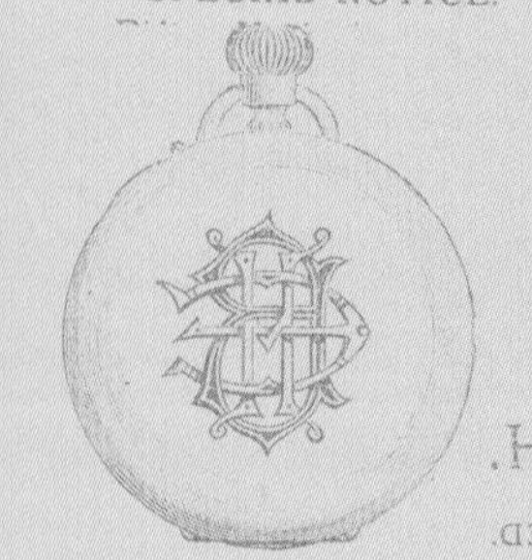

WATCH.

E GUARANTEED.

ping, durability, and finish, jewelled throughout.

1, Engine-turned, or Engraved patent close-fitting
unting, and forwarded free and safe to all parts on
G.P.O.

IDENTIC VELVETEEN, the
BEAUTY of the SEASON,
2s. 6d., 2s. 9d., 3s. 3d., 3s. 6d., 3s. 9d.

HOUSEHOLD LINENS, &c.

IRISH Real Irish Linen Handkerchiefs, also White and Cream,
RICH DUCHESSE

SAMPLES and
ROBINSON and

GENOA COWN

(JUST OUT),
us and refreshing

RENCE.

REHOUSE.

H ORDER

Co., 7½, St. Mary's Row, Birmingham.
1, COUSIN LANE, LONDON, E.C.
ncy Warehousemen, Hosiers, Tent and Garden Furniture Dealers, India I
Dealers, &c., &c., or in the absence of Retailers, by the Makers.

PRICE'S PATENT CANDLE COMPANY, LIMITED.
LONDON AND LIVERPOOL.

SHIRTS.—FORD'S EUREKA.—
"The most perfect-fitting made."—Observer.
Gentlemen desirous of purchasing shirts of the best quality should try Ford's "Eureka," 30s., 40s., 45s., half dozen.—R. FORD and CO., 41, Poultry, London.

ÆGIDIUS.—The only FLANNEL SHIRTS that never shrink in washing—not if washed 100 times. Soft as silk and elastic; can be worn without an under vest. Made in several mixed colours, greys, drabs, browns, &c., three for 39s. Patterns and self-measure, &c., free, by post.
R. FORD and CO., 41, Poultry, London.

AIX LA CHAPELLE THERMAL WATER.

Sparkling, Refreshing, and Invigorating. The best cure for Dyspepsia. Professor Justin von Liebig says—"The presence of Iodine and Bromine and Iron will

hair, if gray, is changed to its natural color, giving it the same vitality and luxurious quantity as in youth.

COMPLIMENTARY. "My hair is now restored to its youthful color; I have not a gray hair left. I am satisfied that the preparation is not a dye, but acts on the secretions. My hair ceases to fall, which is certainly an advantage to me, who was in danger of becoming bald." This is the testimony of all who use Mrs. S. A. ALLEN'S WORLD'S HAIR RESTORER.

THE ANTI-STYLOGRAPH (PEARSON'S PATENT)

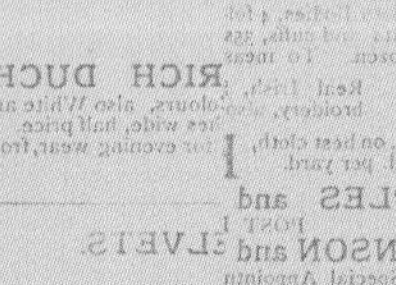

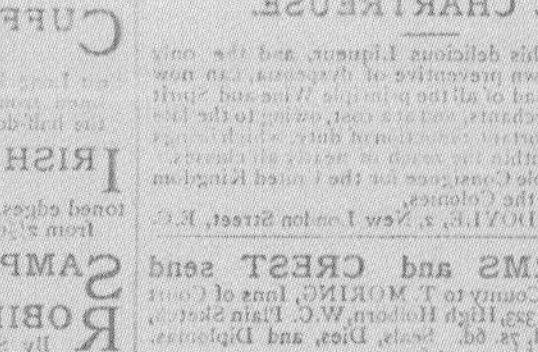

TER'S MACHINE

a book or
lamp, &c.,
, over an
l, or sofa,
fatigue and
l incessant
writing. Invaluable to invalids and
or India. A most useful gift. PRICES
e List Post Free.

A RE Dyed with Eastern dye-stuffs and by Eastern methods. Every Colour is Permanent, and will bear continued Exposure to Light without fading. The greater number will also bear washing.

JAMES PEARSALL & Co., are also Manufacturers of FILOSELLES (in 300 shades), CREWEL SILKS, WASHING SILKS, KNITTING SILKS, &c., and of all Makes formerly sold by ADAMS & CO.

Their Silks may be obtained Retail from Berlin Wool dealers throughout the United Kingdom.

Wholesale only, 136, CHEAPSIDE, E.C.

N.B.—Purchasers should require the name of PEARSALL'S in full, on every skein or ball of Silk sold as theirs.

now restored to its color; I have not ir left. I am satisfied that the preparation is not a dye, but acts on the secretions. My hair ceases to fall, which is certainly an advantage to me, who was in danger of becoming bald." This is the testimony of all who use Mrs. S. A. ALLEN'S WORLD'S HAIR RESTORER.

Pearsall & Co.'s
Floss and
ope Silk
EMBROIDERING),

GRANDE CHARTREUSE.

This delicious Liqueur, and the only known preventive of dyspepsia, can now be had of all the principal Wine and Spirit Merchants.

W. DOYLE, 2, New London Street, E.C.

FOR ARMS and CREST send Name and County to T. MORING, Inns of Court Heraldic Offices, 32, High Holborn, W.C.

COR

Ginger Ale.
COCHRANE'S
Aerated Lemonade.
MINERAL
WATERS.
Seltzer, Soda, Kali, Lithia Waters.